제3 지대에서 바라보는 세계

박동환
철학선집 **VIII**

제3 지대에서 바라보는 세계

시와 그림에 떠오르는 그리운 고향

사월의책

제3 지대에서 바라보는 세계

1판 1쇄 발행 2025년 3월 20일

지은이 박동환
펴낸이 안희곤
펴낸곳 사월의책

편집 박동수
디자인 김현진

등록번호 2009년 8월 20일 제2012-118호
주소 경기도 고양시 일산서구 중앙로 1388 동관 B113호
전화 (031) 912-9491 | 팩스 (031) 913-9491
이메일 aprilbooks@aprilbooks.net
홈페이지 www.aprilbooks.net
블로그 blog.naver.com/aprilbooks

ISBN 979-11-92092-48-5 94100
ISBN 978-89-97186-64-8 (세트)
* 책값은 뒤표지에 있습니다.

차례

길잡이

나는 가끔 어둠이 짙은 한밤중에 창문을 열고 가지들과 잎들이 무성하게 자라서 퍼져나간 목련 나무를 바라보며 이렇게 묻는다. '나는 거기서 있는 그대보다 자유로운가? 거기 서 있는 그대보다 지혜로운가? 무상(無常), 불규칙, 불확실로 가득한 미래 앞에서 나는 그대와 다른 별수라도 있는가?'

———

시인은 무슨 일에 종사하는 분들일까? 시는 또 하나의 글쓰기인가? 철학은 무엇을 위하여 있는가? 철학은 아직도 무슨 쓰임이 있는가?

여기서 이런 물음을 던지는 자는 실로 시인도 철학자도 아니다. 겉보기에는 평생을 철학에 종사한 듯하지만 실은 동서양 전통의 철학사 가운데서 그 어떤 시대사조나 어떤 철학자도 자신의 전공으로 받아 입문하는 데에 실패했다. 그래서 평생 철학에 대해 다만 방관자 비평자 또는 불평꾼으로서 지내는 영락없는 주변 존재였다.

왜 끝내 방관자 비평자 불평꾼일 수밖에 없었는가? 아직 젊었던 어느 날 우연히 20세기 인류학자 클로드 레비스트로스(1908-2009)의 다음과 같은 명제에 부딪혔을 때 그 오랜 자기 물음에 대한 어렴풋한 변명이 떠올랐다.

"세계는 인류가 없이 시작했고 다시 인류가 없이 끝날 것이다."(p. 413)[1]

말하자면 내가 애초에 전공하려던 철학이 품고 있는 온갖 유파의 사상과 체계는, 그 자체의 내용이 어떠하든 결국에 모두 인류와 함께 그리고 인류가 제각각 소속하는 지역 문화와 함께 사라져가는 것임을 깨닫게 된 것이다. 철학이든 무엇이든 '그 자체의 내용이 어떠하든 결국에 사라져갈 것이다.'

다만 사라져가는가? 그때 모두 사라져간다는 숙명 앞에서 어떤 변화의 모양으로라도[2] 다시 살아나야 하는 부활의 숙제가 다가온 것이다.

그런 부활의 숙제에 잡혀있을 때 나는 비로소 16세기 폴란드 출신 니콜라우스 코페르니쿠스의 지동설이, 지구에 정착해 사는 모든 인류에게 그리고 특히 지구의 모든 철학자에게 시사하는 바가 무엇인지 이해할 수 있었다. 코페르니쿠스 그는 지동설을 주장하는 저술을 당시 교황에게 올리는 헌정사에서 이렇게 말했다.

풀이말

1) Claude Levi-Strauss, *Tristes Tropiques*, trans. J. Weightman & D. Weightman. Penguin Books, 1973, 2012.

2) 아래의 풀이말 4) 참고.

"십여 세기를 거쳐 지구가 하늘 가운데서 중심에 자리 잡고 있다는 사실을 신성불가침의 정설로 받아들이고 있는 이들은, 만약 제가 지구는 움직이고 있다는 반대의 주장을 한다면 이를 미친 자의 소리로 여기리라고 짐작할 수 있습니다."(p. 4)[3]

니콜라우스 코페르니쿠스(1473-1543)는 지구와 지구에 정착해 사는 인류 모두가 우주의 한 중심을 맴돌고 있는 주변 존재임을 일러주고 있었다. 지구와 지구에 사는 인류는 모두 자기 운명의 주체일 수 없다는 분명한 한계를 암시하는 것이다.

이를 다시 풀이하면 인류가 정착해 사는 여기 이 지구는 우주의 중심이 아닐 뿐만 아니라 인류 자신은 수십억 년에 걸친 생명의 계통발생(phylogeny) 및 개체발생(ontogeny)의 과정 그리고 다시 영원을 향해 달려가는 우주의 진행 과정에 잠깐 참여하는 참으로 이슬처럼 가벼운 하나하나의 분신(分身)에 지나지 않는다는 깨침에 이르게 하는 것이다.[4]

---

3) Nicholas Copernicus, *De Revolutionibus* (*On the Revolutions*). Trans. & Commentary by Edward Rosen. 아래의 Σ1. "코페르니쿠스의 혁명이 칸트를 거쳐 토카르추크에 이르는 길"의 마디글 1. 참고.

4) "실험실에서 출생 성장한 한 마리의 쥐는 그의 평생에 고양이라는 존재를 본 적이 없다. 그럼에도 그는 일생에 처음으로 맞닥뜨린 고양이 앞에서 놀라며 죽은 듯이 꼼짝 않고 있다. 고양이가 그를 잡아먹는 천적이라는 사실을 어떻게 알았을까? 그의 계통발생(phylogeny)의 흐름을 따라 내려오는 까마득히 오래된 조상들의 유전적 기억이 그에게 전달된 것이다."(221쪽)

"생명의 계통발생(phylogeny) 과정에서 겪은 그리고 그 시작을 알 수 없는 태고로부터 겪은 모든 우주적 사건의 경험들이 개체 생명 발현(ontogeny) 과정 가운데서 제각기 다른 모양으로 압축된 영원의 기억, 영원의 분신(分身)으로서 움직이고 있다."(128쪽)『진리의 패권은 사람에게 있는 것이 아니다』고양, 경기: 사월의책, 2019.

그러나 이렇게 그 시작과 끝을 알 수 없는 영원의 흐름에 잠깐 끼어든 참으로 이슬처럼 가벼운 한낱 분신(分身)이라고 해서 다만 사라져가는 것은 아니다. 그러니까 참으로 이슬처럼 가벼운 하나하나의 분신으로서 인류는 영원의 시간으로 귀향하는 숙명의 과정을 떠올리며 익혀야 하는 과제 앞에 놓여 있다.

> "영원은 다만 저편에 머물러 있지 않고, 항상 [나의] 현재 안에 들어와 다시금 새로운 [나의] 현재를 만들어 간다."(202쪽)[5]

여기서 우리는 모두 영원의 시간으로 귀향해 들어가는 무상(無常), 불규칙, 불확실로 가득한 미래의 여정을 시와 그림에 떠오르는 자아 해탈의 제3 지대에서 이어갈 것이다.

---

5) VI. "현재 안에서 움직이는 영원의 기억"(201-220쪽) 『x의 존재론』 고양, 경기: 사월의책, 2017. 참고.

첫째 문

철학은 아직도 무슨 쓰임이 있는가?

호모에렉투스의 돌도끼에 얽힌 이야기에서 풀어내다[1)]

1.

인생과 자연의 파란만장한 현장 가운데서 절실히 필요한 생존 전략과 그 논리적 접근이 가능하도록 시작을 만들어낸 원조(元祖)는 누구일까? 인류의 문명과 함께 나타난 최초의 탐험가일까 아니면 철학자일까?

———

인류가 오늘에 이르기까지 그의 생존 전략과 그 논리적 접근을 개척한 원조를 찾아서 20세기로부터 거슬러 올라가 본다.

20세기 유럽 철학계의 한 주류를 끌어낸 루트비히 비트겐슈타인

풀이말

1) 여기에 펼치는 주제는 다음과 같은 모양으로 몇 단계를 거치며 변형 수정되어 왔다. (1) "호모에렉투스의 돌도끼에 얽힌 이야기" 『철학과 현실』 철학과현실사. 1990. (2) "호모에렉투스의 돌도끼에 얽힌 철학사" 『동양의 논리는 어디에 있는가』 1993(초판) 고려원. (3) "고고학으로 함몰하는 철학사 그리고 남은 과제" 『해방 50년의 한국철학: 1995년 춘계발표회』 철학연구회. 1995. (4) "고생태학으로 함몰하는 철학사" 『안티호모에렉투스』 2001(초판) 길.

(1889-1951)은 그가 참여했던 제1차 세계대전(1914-1918)의 야전 터에서 그의 작품 『논리-철학 논고』의 원고를 썼다. 그런데 그 작품에서 보이는 그가 겪은 전쟁 체험이 내가 소년 시절에 겪은 전쟁 체험과 그렇게 다를 수 있는가? 라는 생각을 금할 수가 없었다. 비트겐슈타인의 『논리-철학 논고』에 나오는 명제들에 담긴 체험과 내가 소년 시절에 겪은 체험이 만나는 가상의 대화 몇 마디는 다음과 같다.

> 비트겐슈타인: "세상이 어떻게 돌아가고 있는가 함은 그 밖의 높은 차원과 전혀 관계가 없다. 신은 세계 가운데서 자신을 드러내지 않는다."(6.432)

> 그대에게: 세상에 일어나는 온갖 사건과 이변들을 하나의 차원으로 수렴 설명할 수 있다고요? 신이 존재한다면 그는 세계 가운데로 들어올 일이 없다고요? 너무 지나친 인간 본위의 세계관 아닌가요?

> 비트겐슈타인: "나의 언어의 한계는 나의 세계의 한계이다."(5.6) "논리는 세계를 점유하고 있다. 논리의 한계는 세계의 한계이다."(5.61)

> 그대에게: [사람들은 여기서 비트겐슈타인의 극단으로 자아 중심적인 유아론(唯我論)을 확인한다. 나는, 세상에 태어나 살며 겪을 수밖에 없는 '예상할 수 없는 뜻밖의' 사태에 관한 그의 인식이 지나치게 독단적임을 본다.] 그대는 제1차 세계대전에 참전해서 막판에는 포로로 잡히는 뜻밖의 체험까지 겪었는데, 그때 그 시대의 사람들이 겪었던 온갖 뜻밖의 사건들에 눈을 감고 있었나요? 인생과 역사의 그 같은 온갖 뜻

밖의 사건들을 그대가 말하는 언어의 한계, 논리의 규칙 안에서 일어나는 사태로 잡아넣을 수 있다고요?[2]

———

그렇다면 비트겐슈타인이 참여해서 만들어내는 유의 철학은, 온갖 걷잡을 수 없는 이변들로 엮이는 파란만장한 시간대를 거쳐 가는 한 조각의 생명으로서 지닌 나의 기억과 정서에 더 이상 어떤 도움도 평안도 줄 수 없는 한가한 소리나 다름이 없게 된다.

더 나아가 20세기 유럽 철학계의 한쪽에서는 루트비히 비트겐슈타인이, 다른 한쪽에서는 에드문트 후설이 양대 산맥을 이루며, 18세기 칸트의 선험적 초월론이 남겨놓았던 '물 자체'(Ding an sich)의 영토를 완전히 제거해 버리는 극단의 인간 본위, 자아 중심의 철학 체계를 펼쳐 보여주었다.[3]

그러나 이러한 극단의 인간 본위, 자아 중심 곧 인간 자아의 '방패막이' 같은 안일한 철학으로는 대응할 수 없는 더 급한 격변의 시대가 우리에게, 아니 나에게 다가와 있다.

———

2) 여기서 비트겐슈타인에게 건네는 두 마디 가상의 대화는 이 책의 Σ1. "코페르니쿠스의 혁명이 칸트를 거쳐 토카르추크에 이르는 길"의 마디글 2.에서 따옴.

3) 20세기 초에 일어난 이 같은 새로운 철학의 양대 산맥을 요약한 미하일 스미르노프(Mikhail A. Smirnov)의 정리에 관해서는 아래의 Σ1. "코페르니쿠스의 혁명이 칸트를 거쳐 토카르추크에 이르는 길"의 마디글 2.를 참고.

2.

세계열강들의 각축장이 되었던 20세기 여기 일본제국의 영토에서 여러 모양의 동원과 궁핍에 몰리게 했던 제2차 세계대전으로 치닫는 때에 태어난 것은, 한 희귀한 시대 체험의 기회일 수 있었다. 그때는 일본제국의 통치 아래에서 일본어로 초등교육을 받으며 학교 교장이 주도하는 조회에서는 일본 천황폐하 만세를 팔을 들어 외쳤다. 그러다가 초등학교 2학년이 된 1945년 8월에 일제로부터 해방되었는데 그때 남북이 갈라지는 싸움으로 암살과 폭력이 난무하는 사회 혼란은 극단으로 치달았다. 그런 혼돈의 세상 가운데서 단 5년이 지났을 때 다시 한국사에 드문 참극이라 불리는 6.25 전쟁이 터졌다. 이 같은 순서로 겪은 소년 시절의 체험을 나는 이렇게 정리한 적이 있다.

> "나는 이 땅에서 내 또래의 나이를 산 이들이 그랬듯이, 어린 시절에 일본 국기에 절하며 천황의 만수무강을 외쳤고, 1945년 해방과 함께 태극기가 게양되니 "동해물과 백두산이…"를 불렀는가 하면, 다시 5년이 지나 터진 6.25 전쟁에서 이긴 반대편이 들어오니 학교에 불려나가 인민공화국기를 흔들며 미국 제국주의를 규탄했고, 몇 개월이 지나 전세가 회복되니 다시 나타난 태극기 앞에서 국기에 대한 경례를 했다. 이 지조 없이 흐르는 시대의 격류를 바라보며 10대 전반(前半)의 한 소년은 무엇을 생각할 수 있었는가? 이러한 시대를 살면서도 역사를 보는 하나의 관(觀)이 있을 수 있는가? 이렇게 거듭된 시대의 변절 끝에 가질 수 있는 역사의 이념이란 무엇인가?"(22쪽)[4]

---

[4] 『동양의 논리는 어디에 있는가』(1993년 초판) 고양, 경기: 사월의책, 2017.

저 변절의 체험을 거듭할 수밖에 없도록 흐르는 시대의 격류 가운데서 안일하게 인간 탐구, 자아 완성이라는 '방패막이' 같은 철학의 이야기를 이끌어가는 분들의 원조(元祖)는 누구인가? 그 원조는 옛날 그리스나 옛날 중국 선진(先秦)시대에 그런 이야기를 시작한 최초의 철학자들에게 있는 것이 아니다.

20세기 비트겐슈타인과 후설이 그 극단을 대표했듯이 인간 자아의 '방패막이' 같은 생존 전략과 논리 규칙을 만들어낸 처음의 원조(元祖)는, 험악한 자연의 조건들에 맞서 싸우기 위하여 돌도끼와 나무창을 만들고 집단생활을 하기 시작한 백 수십만 년 전의 호모에렉투스일 수 있다.

3.

"호모에렉투스가 출현한 시대의 터에서 돌을 깎아 만든 주먹도끼, 다른 지역으로부터 채취 운반되어 쌓여있는 돌조각들, 불을 때던 화덕이 발굴될 때 고고학자는 그들에게도 생존을 위한 계획과 실행 그리고 집단생활이 있었음을 확인한다. 그리고 이러한 작업행위와 집단생활을 위한 의사소통의 수단으로 언어의 출현을 추측하기도 한다. … 그러나 적어도 하나의 확실한 주장이 가능하다. 호모에렉투스는 동일보존 및 모순배제 또는 집단 구성의 논리 규칙을 이미 그들의 작업행위와 집단생활 가운데서 실행하고 있었다는 것이다."(51쪽)

"그렇다면 온갖 유파(流派)에 시달리며 지엽적 다양성에 빠지기 시작하는 문자 기록의 고전(古典) 시대를 인류의 철학적 사유의 시작이라고 말할 수 없다. 문자 기록 이전의 시대에 수없이 거듭해온 생존 전략 및 도구의 개량과 혁명 끝에 드디어 지구 위의 지배자로 등장할 수 있었던 원시 인류 호모에렉투스에게 세련된 논리적 사유가 없었다고 말할 것인가? … 그 논리적 사유의 타당성이 생명 일반의 존재와 사멸을 좌우하는 엄혹한 원시적 시험대에서 이미 백 수십만 년 동안 냉혹한 기준으로 작동해 온 것임에 틀림이 없다."(53-54쪽)[5]

아직도 사람들은 정치하는 분들이나 철학하는 분들이나 이쪽 이념 아니면 저쪽 종파에 이끌려 싸우지 않을 수 없다. 그들의 투쟁에 항상 동원되는 오늘날의 언어라는 도구는, 백 수십만 년 전 그들의 원조 호모에렉투스의 부수는 돌도끼나 찌르는 나무창 같은 도구와 다를 바가 없다. 21세기의 작가 한강은 『희랍어 시간』에서 언어의 체험에 대하여 이렇게 말하고 있다.

"꼬챙이 같은 언어들이 시시로 잠을 뚫고 들어와, 그녀는 한밤에도 몇 번씩 소스라치며 눈을 떴다. … 그녀는 자신의 혀와 손에서 하얗게 뽑아져 나오는 거미줄 같은 문장들이 수치스러웠다. 토하고 싶었다. … 수천 개의 바늘로 짠 옷처럼 그녀를 가두며 찌르던 언어가 갑자기 사라졌다. … 더 이상 그녀는 언어로 생각하지 않았다. 언어 없이 움직였고 언어 없이 이해했다."[6]

---

5) II.의 3. "고생태학으로 함몰하는 철학사," 『안티호모에렉투스』(2001년 초판) 고양, 경기: 사월의책, 2017. 참고.

6) 한강, 『희랍어 시간』파주, 경기: 문학동네, 2011, 2022. 그리고 아래의 Σ5. "언어가 사라진 원시의 체험—한강의 『희랍어 시간』에서" 마디글 3. 참고.

인간의 언어는 자연에 없는 금을 긋고 경계를 구축해서 온갖 허상(虛像)을 만들어낸다. 그런 허구의 언어 체계에 따라 다시 자연과 인간 자신을 규제하고 통치한다.

> "그렇게 철학자들은 이를테면 '선의 이데아' '일자'(to hen) '태초의 말씀'(Memra) '브라만' '도'(道) '태극'(太極) 그밖에 온갖 모양으로 박제된 최상위의 개념을 가지고 궁극의 실재라는 것을 끝없이 만들어왔다. 왜 땅 위의 존재하는 모든 것이 마지막에 돌아가야 할 처소로서 궁극의 실재 곧 태고의 고향이 이처럼 여러 가지 모양으로 나타나는가?"[7]

자연과 인생의 바탕에서 움직인다고 철학자들이 말해온 궁극의 실재라는 것이 왜 이처럼 그들이 제각각 소속하는 지역 그리고 그 문화와 언어에 따라 다른 모양으로 나타나는가?

———

자연과 인생을 향한 생존 전략으로서 투쟁과 경합을 위한 온갖 이념과 종파 그리고 그 핵심 도구로서 언어-논리의 규칙들을 끊임없이 펼쳐온 분들 곧 철학자들은, 그들의 원조인 호모에렉투스가 이미 개척해 놓은 투쟁과 경합을 위한 인간 자아 본위의 관점 그리고 그것을 지키기 위한 언어-논리적 접근을 물려받아 답습하고 있는 것이다.

> "그러나 [호모에렉투스가 그 원조임에 틀림이 없는] 21세기 첨단 과학의 시대에도 이어지는 생존 투쟁으로 말미암은 불안한 미래에 대하여

---

7) 이 책의 Σ4. "시인이 이끄는 '자아 탈출, 자아 해탈'의 여정"에서 마디글 4. 참고.

안심시킬 만한 어떤 예견도 해답도 없다. 현대문명에 이르기까지 생존 투쟁에 말려드는 모든 사람에게 그들이 추구하는 삶의 목적이나 이념에 대하여 확실하게 보장할 수 있는 미래도 없다. 인류는 아직도 그들의 가장 깊은 데로부터 일어나는 의문과 절규를 그들이 '제각기 다르게 박제한' 개념의 존재인 신(神)들에게 호소한다."(91쪽)[8]

이렇게 인류의 변함없는 생존 전략과 그 논리적 전개 형식을 21세기 현대문명과 그 통치 체제에 이르기까지 한결같이 관철하여 온 원조 호모에렉투스로부터 어떤 한계가 유래하는 것인가? 인류가 오늘의 문명과 그 통치 체제에 이르기까지 인생과 자연에 임하는 데 상호대결 아니면 상호경합으로 일관하는 호모에렉투스의 관점에 어떤 근본적 한계가 있었던가?

그래서 호모에렉투스의 시대로부터 일관되게 펼쳐져 온 인류의 오랜 생존 양식은 21세기에 이르러 드디어 이른바 '인류세'(the Anthropocene)라는 위기를 불러온 것이다.

그렇다면 인생과 자연에 임하는 데 자아 방어, 자아 본위의 상호대결 아니면 상호경합으로 일관하는 호모에렉투스의 생존 양식으로부터 인류가 탈출 안주하려는 제3 지대에서 새로운 생존 양식의 발견이란 가능한 일인가? 제3 지대에서 가능한 생존 양식은 어떤 순서를 따라 어떤 경계에서 열릴 수 있는 것인가?

---

8) 따온글의 부분들을 문맥에 맞도록 고쳐 썼음. 『안티호모에렉투스』(2001년 초판) 고양, 경기: 사월의책, 2017.

둘째 문

자아라는 주변 존재

Σ1.
코페르니쿠스의 혁명이 칸트를 거쳐
토카르추크에 이르는 길
—『천체 회전에 관하여』에서 『순수이성비판』으로
다시 『다정한 서술자』에 이르는 길

1.

왜 21세기 지금 여기에 16세기 폴란드 출신 니콜라우스 코페르니쿠스(1473-1543)가 떠오르고 있는가? 그는 지난 수천 년 동안 인류 문명 가운데서 출현한 인간 본위, 자아 중심의 온갖 철학 사조와 종파 그리고 그 원조(元祖)로서 호모에렉투스가 펼쳐온 생존 전략과 그 논리적 접근에 어떤 새로운 메시지를 전하려는 것인가?

16세기에 시작된 코페르니쿠스의 혁명은 아직도 완료되지 않은, 완료되기를 기다리는 어떤 메시지를 품고 있는가?

코페르니쿠스는 그의 저서 『천체의 회전에 관하여』의 앞에 놓은 「교황 바오로 3세에게 드리는 니콜라우스 코페르니쿠스의 저서의 서문」에서 다음과 같은 자기주장의 핵심을 드러내고 있다.

　"십여 세기를 거쳐 지구가 하늘 가운데서 중심에 자리 잡고 있다는 사실을 신성불가침의 정설로 받아들이고 있는 이들은, 만약 제가 지구는 움직이고 있다는 반대의 주장을 한다면 이를 미친 자의 소리로 여기리라고 짐작할 수 있습니다."(p. 4)[1]

그리고 본론에 들어가서 다시 태양을 중심으로 해서 지구가 움직이고 있다는 사실을 설명하고 있다.

"우주의 중심은 태양에 머물고 있다. 더구나 태양은 움직이지 않고 있으니까, 태양이 움직이는 것처럼 보이는 어떤 현상이든지 그것은 실은 지구의 운동으로 말미암은 것이다."(p. 23)[2]

그렇다면 신성불가침의 정설로 받아들여졌던 지구 중심설에 맞서 반대의 지동설을 내세우며 이를 이후의 시대에서 정설로 자리 잡게 하는 데에 주도적 역할을 한 이는 니콜라우스 코페르니쿠스인가? 20세기의 한 대표적 과학사가 토머스 쿤(1922-1996)에 따르면, 코페르니쿠스의 혁명이 무시당하지 않고 시대의 흐름을 타는 데에는 그때 즈음에 일어난 문예부흥(Renaissance), 종교개혁(Reformation), 인문주의(Humanism)

풀이말

1) Nicholas Copernicus, *De Revolutionibus* (*On the Revolutions*). Trans. & Commentary by Edward Rosen. https://www.geo.utexas.edu/courses/302d/Fall_2011/Full%20text%20-%20Nicholas%20Copernicus,%20_De%20Revolutionibus%20(On%20the%20Revolutions),_%201.pdf

2) Book One. Chapter 10. "The Order of the Heavenly Spheres" Nicholas Copernicus, *De Revolutionibus* (*On the Revolutions*) Trans. & Commentary by Edward Rosen. 니콜라우스 코페르니쿠스, 『천체의 회전에 관하여』 민영기, 최원재 옮김. 서울: 서해문집, 1998. 참고.

사조가 반드시 동반했어야 하는 배경으로 움직임으로써 가능했던 것으로 보아야 한다.

> "… 코페르니쿠스는 중세시대에 살지 않았다. 1473년에서 1543년에 걸친 그의 생애는 문예부흥과 종교개혁 그리고 이후의 기발한 발상이 이어진 시대 흐름이 그의 천문학 작업을 지지하고 전하는 데에 결정적 영향을 끼쳐주었다."(p. 124)[3]

이렇게 과학사가 토머스 쿤이 풀어주는 배경 설명은, 코페르니쿠스의 혁명이 어떻게 가능했고 이후에 전해질 수 있었는가에 관한 이해에 큰 도움을 준다. 그러나 코페르니쿠스의 혁명은 오늘에 이르기까지 그것이 품고 있는 메시지를 얼마나 전파할 수 있었는가?

왜 코페르니쿠스의 혁명은 아직도 완료되기를 기다리고 있다고 보아야 하는가? 지금도 세상을 지배하고 있는 인생과 자연에 관한 온갖 철학 사조와 종파는 여전히 코페르니쿠스의 혁명이 품고 있는 메시지를 접수하기를 주저하고 있는 듯하다. 수천 년을 거쳐 전해오는 인류의 문명과 그 문명을 지탱하는 사조와 종파는 아직도 인간 본위, 자아 중심의 관점을 벗어나지 못하고 있기 때문이다. (230807)

---

3) Thomas S. Kuhn, *The Copernican Revolution: Planetary astronomy in the development of Western Thought*. Cambridge, Massachusetts: Harvard University Press, 1957, 1985.

실은 과거를 돌이켜 보면 이미 18세기에 독일의 철학자 이마누엘 칸트 (1724-1804)는, 자신의 철학에서 코페르니쿠스 혁명의 '사고 실험'을 적극적으로 받아들이며 실천하고 있음을 선언한 바 있다.

칸트는 자신의 철학을 구축하기 위한 새로운 접근 방법으로 선언한 코페르니쿠스의 혁명에 따라 어떤 일을 하였는가? 코페르니쿠스가 실행한 천체관의 혁명에 따라 칸트의 인식론과 세계관은 어떻게 바뀌었는가? 칸트 자신은 코페르니쿠스가 일으킨 천체관의 혁명을 다음과 같이 따르고 있다고 말한다.

> "[대상에 관한 우리의 인식의 관점을 바꿔보는] 것은 코페르니쿠스가 처음으로 했던 생각과 그 접근에 흡사하다. 별들이 관찰자의 주위를 돌고 있다고 가정했을 때 천체 운동을 제대로 설명할 수 없었으므로, 그 후 코페르니쿠스는 관찰자 자신이 돌고 별들은 움직이지 않고 있다고 가정하면 더 성공적으로 설명할 수 있지 않을까 생각해 본 것이다."(Kant, KrV, Bxvi-xvii)[4]

이렇게 코페르니쿠스도 칸트도 그들의 세계관 혁명에서, 가능한 관점 전환에 대한 '사고의 실험'(thought experiment)을 하고 있다. 그런데 코페르니쿠스의 사고 실험과 칸트의 사고 실험이 가져온 결과에 대한 후세의 이해는 서로 찬반이 갈리는 다른 평가를 낳고 있다.

---

4) 칸트의 원문을 옮김에서 아래의 번역을 빌려오며 몇 부분을 고쳐 썼음. 임마누엘 칸트, 『순수이성 비판 서문』 김석수 옮김. 서울: 책세상, 2019.

물론 코페르니쿠스가 당대의 천체관에 대해 실행한 관점의 전환을, 칸트가 그의 인식론과 세계관 혁명에서 그대로 모방 실행한 것은 아니다. 코페르니쿠스의 천체관 혁명을 따른다고 자처했던 칸트는, 여전히 인간 본위의 인식론 곧 인간 이성의 '초월론적'[5] 관점을 다음과 같이 설명하고 있다.

> "지금까지 우리는 우리의 모든 인식이 대상에 따라야 한다고 가정해왔다. 그러나 개념을 통해 대상들에 관한 우리의 인식을 확장시켜줄 만한 것을 선험적으로 구성하려는 모든 시도는 이러한 가정, 즉 대상에 따라야 한다는 가정 아래서는 무너지고 말았다. 따라서 우리는 형이상학의 과제에서 대상이 우리의 인식에 따라야 한다고 생각하는 것이 오히려 더 성공적이지 않을까 하고 시험해 보고자 한다. 이렇게 하면 대상을 선험적으로 인식하는 것이 가능하게 더 잘 들어맞는 상태가 될 것이다. 이것은 대상이 우리에게 주어지기 전에 대상에 관해 선험적 지식을 확보하는 것이 가능하게 되는 것이다."(Kant, KrV, Bxvi.)[6]

그러나 코페르니쿠스의 혁명은, 관찰자 자신의 관점을 바꾸어 보는 '사고의 실험'에서 이루어진 것이다. 말하자면 이전 사람들은 관찰자를 중

---

5) 칸트의 선험적 인식론을 '초월론적'이라고 이름하는 데 김상환 교수의 설명을 따르고 있다. "칸트 철학에서 초월적인 것(감각적 직관을 초과하는 것)은 물-자체의 영역에 속한다. 그리고 경험적 지식, 다시 말해서 자연과학은 현상계에 속한다. 그러나 초월론적 차원은 물-자체와 현상계의 사이에 위치하며, 그곳이 바로 철학이 자신의 고유한 원리를 수립하는 장소다. 칸트는 감성(현상계)과 초-감성(물-자체) 혹은 '형이하'와 '형이상'의 이분법에서 벗어나서 '초월론적'이라 명명되는 제3의 차원을 발견한 철학자다."(83-84쪽) 김상환, 『왜 칸트인가: 인류 정신사를 완전히 뒤바꾼 코페르니쿠스적 전회』 파주, 경기: 21세기북스, 2019.

6) 칸트의 원문을 옮김에서 아래의 번역을 빌려오며 몇 부분을 고쳐 썼음. 임마누엘 칸트, 『순수이성 비판 서문』 김석수 옮김. 서울: 책세상, 2019.

심으로 천체가 회전한다고 생각하는 데서, 코페르니쿠스는 관찰자 자신이 태양을 비롯한 천체를 중심으로 회전하고 있다는 사고의 실험을 했던 것이다.

그런데 코페르니쿠스가 관찰자 자신의 관점을 폐기했던 바와는 달리, 칸트는 인간의 세계 인식이 관찰자가 밖의 사태에 따르는 데서가 아니라 관찰자 자신이 능동적으로 움직임으로써 밖의 사물을 정리하고 질서를 매긴다고 보는 인식 주체의 관점으로 전환을 해본 것이다. 그렇게 함으로써 칸트는 코페르니쿠스가 가상적으로 행했던 '사고의 실험'을 따르고 있다고 착각했다.

이렇게 칸트가 행한 사고의 실험에서 나타나는 결과 곧 '인식 주체 또는 인간 이성의 선험적 초월론'을, 과연 코페르니쿠스가 행한 '관찰자 중심의 세계관 또는 천체관 폐기'에 동참 합류하는 것으로 이해할 수 있는가? 칸트는, 관찰자 중심의 폐기를 선언한 코페르니쿠스의 입장과는 반대로, '대상이 우리의 선험적 인식에 따라야 한다고 생각함으로써' 오히려 '관찰자 중심의 인식론 또는 세계관'을 대안으로 제시하고 있는 것이다. (230617)

───────

따라서 이제 칸트 자신이 실행한 코페르니쿠스 혁명의 결과로 제시된 '인간 본위의 선험적 초월론'이, 현대 철학에 이르기까지 어떠한 영향을 행사했는지 설명하는 연구 가운데 유럽의 중심에서 멀리 있는 한 주변 지대에 소속한 신진 철학자 미하일 스미르노프(Mikhail A. Smirnov)의 객관적 정리를 참고할 필요가 있다. 나아가 이렇게 객관적 정리를 참고함으로써, 코페르니쿠스 혁명을 자기 철학의 주요한 방법으로 택한 칸트가, 과연 코페르니쿠스가 의도했던 '지구 중심, 관찰자 중심의 세계관 탈출'에 일치 합류하고 있는지 돌이켜볼 수 있게 한다.

러시아의 한 국립대학에서 유럽 철학을 연구 강의하는 스미르노프는, 칸트의 선험적 초월론이 20세기 현대 유럽 철학에 일으키고 있는 두 갈래의 흐름을 '주관의 초월론'(transcendentalism of the subject) 그리고 '매체의 초월론'(transcendentalism of the medium)으로 다음과 같이 정리하고 있다.

> "'주관의 초월론'(transcendentalism of the subject)은 인식 주관의 기능이 중심 역할을 지니게 한다. 칸트에 따르면, 인식은 주관이 지닌 직관과 이해력이 대상에 따르지 않고, 오히려 주관의 인식 기능이 대상에 적용된다. '매체의 초월론'(transcendentalism of the medium)은 그 주도적 역할이 외부 세계에 있지도 않고 인식 주관에 있지도 않고 그 중간에 놓인 언어에 있다."[7]

나아가 스미르노프는 '주관의 초월론'을 대표하는 20세기 철학자로서 에드문트 후설(1859-1938)을, '매체의 초월론'을 대표하는 20세기 철학자로서 특히 『논리-철학 논고』의 저자 루트비히 비트겐슈타인(1889-1951)을 제안하고 있다.

---

7) M. A. Smirnov, "Kantian Philosophy and 'Linguistic Kantianism'," *Kantian Journal*, 37(2), 2018. pp. 32-45. http://dx.doi.org/10.5922/0207-6918-2018-2-2.

20세기에 한 주류를 이룬 '주관의 초월론'(transcendentalism of the subject)을 개척하고 대표하는 철학자로 제시된 에드문트 후설은 그의 주요 강론에서 다음과 같은 현상학의 방법론을 풀어놓고 있다.

> "객관적 세계에 대한 '현상학적 판단 중지'와 '괄호 치기'를 한다고 해서 우리 앞에 아무것도 주어지지 않는 것은 아니다. 오히려 반대로 그로 말미암아서 우리에게 주어지는 어떤 것이 있다. 그때 나에게 주어지는 세계는, 오직 의식하는 '사유'(cogito) 가운데서 내 앞에 존재하고 나에 의해서 받아들여진다. 그렇게 이미 그 자체로서 주어지는 순수 자아(ego)와 그것이 의식하는 사상(事象)이, 자연의 현상으로서의 세계에 앞서서 주어진다."(pp. 20-21)[8]

> "나는 회의주의자처럼 사실적으로 존재하는 세계를 부정하는 것이 아니다. 내가 현상학적 '판단 중지'를 할 때, 나는 어떤 시공간적 사실의 존재에 관한 판단으로부터도 완전히 차단된 의식상태에 놓인다. 그렇게 나는 자연의 세계에 관한 모든 과학을 제거해 버린다."(p. 61)[9]

이처럼 후설이 현상학적 '판단 중지' 또는 '괄호 치기'를 함으로써 자연의 세계가 사라졌을 때 남아 있는 것은 '절대 의식'[10]이라는 것이다. 현

---

8) Edmund Husserl, *Cartesian Meditations: an introduction to phenomenology*, trans. Dorion Cairns. The Hague, The Netherlands: Martinus Nijhoff Publishers, 1960, 1982.

9) Edmund Husserl, *General Introduction to a Pure Phenomenology*, trans. F. Kersten. The Hague, The Netherlands: Martinus Nijhojf Publishers, 1982.

상학적 판단 중지에 들어간 절대 의식 가운데에는 어떤 시공간에 존재하는 자연의 세계도 자리할 데가 없다. 시공간에 존재하는 자연의 세계가 쫓겨난 마당에는 절대 의식의 완전한 무대가 마련이 된다.

이렇게 마련된 절대 순수 의식 가운데에는 신이라는 절대 초월의 존재도 개입할 수 없다고 후설은 다음과 같이 단언하고 있다.

> "우리에게 남아 있는 믿음의 대상 곧 세계 밖에 존재하는 (절대 초월의) 신은, 확실히 이 세계뿐만 아니라 현상학적으로 마련된 절대 의식조차도 초월해 있다. 신의 절대성은 순수 의식의 절대성과 전혀 다른 것이며, 신의 초월성은 세계의 초월성과도 전혀 다른 어떤 것이다.
>
> 그러나 현상학적 환원은 이 절대적 초월적 존재까지도 포함 대상으로 한다. 따라서 이 절대 초월의 존재도 순수 의식의 마당에 주어지는 탐구 영역에서 제외된다."(p. 134)[11]

그러므로 현상학적 환원 또는 판단 중지에 따라서 마련된 절대 순수 의식은, 세계의 모든 것이 오직 구성원으로서만 자격을 얻어 들러리가 되는 것들의 중심으로 등극한다. 그리고 절대 순수 의식은 세계의 모든 것을 대상으로서 주재 통치하는 주체가 된다.

---

10) 특히 §49. "Absolute Consciousness as the Residuum After the Annihilation of the World" pp. 109-112. 참고 Edmund Husserl, *General Introduction to a Pure Phenomenology*, trans. F. Kersten. The Hague, The Netherlands: Martinus Nijhojf Publishers, 1982.

11) Edmund Husserl, *General Introduction to a Pure Phenomenology*, trans. F. Kersten. The Hague, The Netherlands: Martinus Nijhojf Publishers, 1982.

이렇게 후설은 칸트가 미처 건드릴 수 없었던 '물 자체'(Ding an sich) 또는 절대 초월의 '신적 존재'를 그의 절대 순수 의식 영역에서 완전히 제거해 버렸다. 후설은 칸트의 선험적 초월론을 지나쳐서 오직 자아 중심의 유아론(唯我論)에 빠지는 결과에 이른 것이다.

그렇다면 인류가 그들의 현실 가운데서 언제나 뜻밖에 닥쳐와서 겪는 재난, 전쟁, 그 밖의 온갖 파국적 사태들을, 어떻게 유아론에 빠진 그 절대 순수 의식의 통제 아래에서 이해하고 대응할 수 있겠는가? 하는 의문이 남는다. (230811)

———

20세기 서구 현대 철학의 두 갈래 주류를 정리한 미하일 스미르노프가 또 한 갈래로서 내세운 '매체의 초월론'(transcendentalism of the medium)을 대표하는 루트비히 비트겐슈타인은 어떤 모양으로 그의 논리 철학을 펼치고 있는가? 비트겐슈타인이 20대에 쓰고 30대 초에 발표한 『논리-철학 논고』(1921)를 오늘 읽으면, 그 신기함으로 인해 즉석 물음이 터져 나옴을 금할 수 없다.

비트겐슈타인: "신은 논리 규칙에 어긋나지 않는 무엇이든지 창조할 수 있으리라고 말해왔다. 실은, 우리는 논리 규칙에 어긋나는 세계가 어떤 모양일지 말할 수도 없다."(3.031)[12]

---

12) Ludwig Wittgenstein, *Tractatus Logico-Philosophicus*, trans. D. F. Pears & B. F. McGuinnes. London: Routledge & Kegan Paul, 1961.

그대에게: 과연 우리는 논리 규칙을 어기지 않는 존재를 신이라고 부를 수 있는가요? 어떤 신이 그대가 말하는 논리 규칙의 한계 안에서 움직일까요? 대체 신이 움직이는 모양을 인간의 논리 규칙 안으로 잡아넣을 수 있다고요?

비트겐슈타인: "세상이 어떻게 돌아가고 있는가 함은 그 밖의 높은 차원과 전혀 관계가 없다. 신은 세계 가운데서 자신을 드러내지 않는다."(6.432)

그대에게: 일상의 차원과 달리하는 사건과 이변들이 세상에는 없다고요? 신이 존재한다면 과연 세계 가운데로 들어올 일이 없다고요? 너무 지나친 인간 본위의 세계관 아닌가요?

비트겐슈타인: "나의 언어의 한계는 나의 세계의 한계이다."(5.6) "논리는 세계를 점유하고 있다. 논리의 한계는 세계의 한계이다."(5.61) "우리가 말할 수 없는 것에 대해 우리는 침묵하지 않으면 안 된다."(7)

그대에게: [사람들은 여기서 비트겐슈타인의 극단으로 자아 중심적인 유아론(唯我論)을 확인한다. 나는, 세계에 일어날 수 있는 '예상할 수 없는 뜻밖의' 사태에 대한 그의 인식이 지나치게 독단적임을 본다.] 그대는 제1차 세계대전에 참전해서 막판에는 포로로 잡히는 체험까지 겪었는데 그때 그 시대의 사람들이 겪었던 온갖 뜻밖의 사태에 눈을 감고 있었던가요? 인생과 역사의 그와 같은 온갖 뜻밖의 사건들을 그대가 말하는 언어의 한계, 논리의 규칙 안에서 일어나는 사태로 잡아넣을 수 있다고요?

비트겐슈타인: "죽음은 인생의 한 사건이 아니다. 우리는 살면서 죽음을 경험할 수 없다."(6.4311)

그대에게: 이렇게 생각하고 믿을 수 있는 그대는 유아론에 빠져서도 특별한 걸림돌에 무너짐 없이 한세상 살 수 있었을지 모릅니다. 그러나 이 세상 다음에 올 삶에 대한 헤아릴 수 없이 많은 종파와 철학의 이야기들을 들어본 적이 없는가요? 그래도 적지 않은 사람들이 그대처럼 망각, 외면함으로써 오직 이 한세상만의 평안을 구하며 살 수도 있는 거 같습니다.

비트겐슈타인: "말로 표현할 수 없는 것들이 정말로 있다. 그것들은 스스로 자신을 드러낸다. 그것들은 신비로운 것이다."(6.522)

그대에게: 그럼 그대가 말로 표현하는 모든 것은 오직 무엇에 국한된 것인가요? 이렇게 말로써 아니면 논리 규칙으로써 표현할 수 있는 것만을, 그대가 사는 세상의 한계로 정한다면 그 언어와 논리 규칙 한계 밖에서 일어나는 온갖 사건 사태는 그대가 겪고 있는 인생과 역사에 어떻게 관여하는 것인가요?

그런 것들을 다만 '말로 표현할 수 없는 것'(das Unaussprechliche) 아니면 불가사의한 것이라고 해서 우리 세계의 한계 밖으로 분리 배출할 수 있을까요? 이는 칸트가 그의 선험적 초월론 밖으로 분리해 버리려고 했던 그러나 소중하게 보류했던 이른바 '물 자체'(Ding an sich)의 영역을, 그대는 완전히 그대의 세계 밖으로 분리 배출해 버리려는 거 같습니다.

[이렇게 비트겐슈타인의 '매체 초월론'(transcendentalism of the medium)은, 칸트의 '선험적 직관 및 판단 형식에 의한 초월론'보다 더 독단적인 자아 중심의 초월론이라고 할 수밖에 없는 길을 가고 있다.]

비트겐슈타인: "우리는 현재의 사태에서 미래의 사태를 추론할 수 없다. 원인-결과의 관계에 대한 믿음은 미신이다."(5.1361)

그대에게: 그렇다면 모든 사태의 가능성은 오직 논리와 언어의 규칙 안에 들어 있다는 말인가요? 논리와 언어에 의한 결정론인가요? 이렇게 그대는 미하일 스미르노프가 말하는 이른바 '매체의 초월론'(transcendentalism of the medium)을 대표하고 있군요. 그대에게 어떤 사건 사태의 필연성은, 오직 그대가 말하는 언어 아니면 논리 규칙에 의존해 있다는 겁니까? 이는 인간의 언어와 논리 규칙이 현실 세계의 사태를 결정한다고 생각하는 단순한 인간 본위의 관념론 아닌가요?

비트겐슈타인: "논리는 모든 경험에 앞서 있다. … 논리는 '어떻게?'라는 물음에 앞서 있으며 '무엇이?'라는 물음에 앞서 있지 않다."(5.552) "논리는 한 묶음의 원칙이 아니다. 논리는 세계를 반영하는 거울이다. 그러므로 논리는 초월론적이다."(6.13)

그대에게: 여기서 논리 언어에 의한 초월론, '매체의 초월론'이 확인되고 있군요. 비트겐슈타인 그대는 칸트의 선험적 초월론을 극단으로 밀고 나감으로써 자신이 지지하는 논리 규칙 밖에는 어떤 가능한 사태 발생의 근거도 있을 수 없다고 말합니다. 그대는 제1차 세계대전의 현장에서 무엇을 어떻게 체험했기에, '예측 불가능한 뜻밖의' 사건 사태들

로 넘치는 세계를 그대가 말하는 논리 규칙 안으로 잡아넣을 수 있다는 것인지 그것이 참으로 궁금합니다.

———

16세기에 일어난 코페르니쿠스 혁명이 뜻하는 바가, 18세기 칸트의 선험적 초월론에 의해서 숨을 죽이고 있었는데, 20세기 루트비히 비트겐슈타인과 에드문트 후설에 의해서 그 마지막 숨이 끊어지는 데에 이르렀다. 코페르니쿠스 혁명이 뜻하는 바 지구 중심, 인간 중심의 관점을 탈출하는 세계관으로의 혁명은 여전히 완료되기를 기다리고 있다.

(230817)

3.

18세기 칸트의 선험적 초월론 영향 아래에서 이루어진 20세기 유럽 철학의 두 주류 후설의 '주관의 초월론'과 비트겐슈타인의 '매체의 초월론'이 남기고 있는 과제는 무엇인가?

칸트가 자신의 관점 전환의 방법으로 받아들인 코페르니쿠스 혁명에서 비롯하는 뜻밖의 결과로 나타난 두 주류 후설과 비트겐슈타인의 초월론은 더욱 철저한 인간 본위, 자아 중심의 세계관으로 빠지게 된 것이다.

그러므로 코페르니쿠스가 뜻했던 인간 본위, 자아 중심의 세계관에 대한 관점혁명은 여전히 완료되기를 기다리고 있다.

> "니콜라우스 코페르니쿠스(1473-1543)의 혁명이 있은 다음 지구는 더 이상 우주의 중심이 아니다. 인류가 중심이 되어 이루어 놓은 듯한 기껏 6천 년의 문명과 역사는 수십억 년을 거쳐 가는 우주사(宇宙史)의 한 토막 짧은 에피소드로 기억될 날이 올 것이다.
>
> 아직도 동서양의 문명권을 대표하는 대부분의 철학자들은 그들이 그리고 인류가 행위와 판단의 주체인 것처럼 생각한다. 인간은 모두 태초로부터 우주의 영원한 주인이 펼치는 여정(旅程)에 초대된 한나절의 객(客)일 뿐인데."(55쪽)[13]

그러나 16세기에 시작된 코페르니쿠스의 혁명은, 세상의 철학자들과 그 밖의 모든 인류에게 그들의 관점 전환의 귀결이 어디를 향하도록 가리키고 있는가?

영원에 소속하는 한낱 분신(分身)으로서 초대된 그 자신의 존재를 스스로 실현 운영할 수 있는 인간 주체는 세상에 없다. 세상에 존재하는 무엇이든지 스스로 나타나고 사라지는 운명의 주체가 될 수 있는 것이 아니기 때문이다. 모두 세계를 움직이는 참 주체의 주변을 맴도는 존재들이다. 나를 구성하는 어떤 정보도 형체도 다만 주변 존재로서 지니게 되는 종속 변수일 뿐이다.

---

13) 『안티호모에렉투스』(2001년 초판) 고양, 경기: 사월의책, 2017.

그러니까 코페르니쿠스 혁명이 요구하는 관점혁명의 귀결은, 세상에 몸을 드러낸 모든 존재가 그를 움직이는 참 주체를 맴돌며 살아가는 주변 존재임을 자각하는 데 있다. 그러므로 영원한 숙제로서 주어진 코페르니쿠스의 혁명은 다음과 같은 반성 반전(反轉)의 사태를 예고한다.

'자기가 사는 것처럼 느껴지는 능동으로서의 존재 행위 그러나 그 행위의 주변성. 사물 인식에서 여전히 벗어나지 못한 주관 그러나 그 주관의 주변성. 논리적으로 제거할 수 없는 전제인 자아 그러나 그 자아의 주변성.'

그렇다면 고대로부터 세계 문명의 양극을 이루어 온 서구와 중국 전통에서 전해오는 철학적 세계관에 대하여 코페르니쿠스의 혁명은 어떤 메시지로 다가오는 것인가? 고대문명 발상 이후 서구와 중국에서 일어난 개체 자아 중심의 철학 사조의 서막을 다음과 같이 정리한다.

> "고대문명 발상 이후 차츰 사람들 각자에게서 굳혀져 온 개체 자아 본위의 관점은, 서유럽에서는 헬레니즘 시대의 거대 제국 체제 아래에서 출현한 '개인주의자들' 곧 스토아학파, 에피쿠로스학파 또는 회의주의자들이 대표하는 사상으로부터, 그리고 고대 중국에서는 춘추전국 시대 말 맹자(孟子)에서 명대(明代)의 왕양명(王陽明)과 이지(李贄)에 이르기까지 발전을 거듭한 '자아 수양론'(修養論)으로부터 폭발적으로 불어나게 된 흐름이다."(113쪽)[14]

---

14) 『왜 x의 신학인가?』 고양, 경기: 사월의책, 2023.

이는 고대문명 발상 이후 철학자들이 옛날 그리스에서나 선진시대(先秦時代) 중국에서 대개 그랬듯이 신이나 초월적 존재로부터 자주적으로 분리되어 가는 인류 자아의 정체성 또는 주체성을 찾아 세우려는 큰 흐름을 대변하고 있는 것이다. (230819)

4.

"어느 부잣집에 찻주전자가 있었다. 찻주전자는 도자기인데다가 앞에는 길고 아름다운 입과 뒤에는 멋진 손잡이가 달려있어서 자신을 무척 자랑스럽게 생각했다. … '설탕통은 귀여운 뚜껑이 있고, 찻잔은 예쁜 손잡이가 있지만, 난 둘 다 있잖아. 거기다가 나는 그들이 한번도 가져보지 못한 길고 아름다운 입도 가지고 있어. 그래서 차 탁자에서 내가 여왕으로 대접을 받는 거야.'"

"그런데 누군가가 다가왔다. … 곱고 우아한 손은 너무 서툴러서 찻주전자를 떨어뜨렸던 것이다. 뚜껑은 말할 것도 없고, 길고 아름다운 입도, 멋진 손잡이도 깨지고 말았다. … '사람들은 입과 손잡이가 깨진 나를 쓸데없다고 찬장 구석에 처박아 버렸어. 다음날, 그들은 음식을 얻으러 온 거지 아주머니에게 날 줘 버렸지. 난 여왕에서 거지가 되고 만 거야.'"

"'거지 아주머니는 내 몸속에 흙을 집어넣었어. … 찻주전자인 나에게 그건 죽음이라고. 하지만 흙 속에 알뿌리도 넣어 주었어. 알뿌리가 싹이 나와 흙을 뚫고 올라갔지. 그러더니 꽃을 피웠지 뭐야. 나는 내 몸에서 피어난 그 아름다운 꽃에 취해서 나 자신마저 잊어버렸던 거야. 꽃을 보는 사람들은 누구나 감탄했어. 그런데 어느 날, 거지 아주머니를 찾아와 꽃을 본 친구가 말했지. 꽃이 무척 아름다우니까 더 좋은 화분에 옮겨야 한다고 말이야. 그들은 나를 깨고 말았어. 내 몸에 있던 흙과 알뿌리와 꽃은 거지 아주머니 친구가 준 더 좋은 화분에 담겼고, 난 마당에 버려졌어. ⋯ 하지만 나에게는 아름다운 추억이 되었지. 그건 그 어느 누구도 나에게서 뺏을 수 없어!'"[15]

위의 이야기는 덴마크의 동화 작가 한스 크리스티안 안데르센(1805-1875)이 지은 「찻주전자」에 나오는 한 토막이다. 거기서 안데르센은 찻주전자를 사용하거나 더 이상 소용이 없으면 버리기도 하는 인간의 관점이 아닌 찻주전자 자신이 세상에서 겪는 체험과 그에 따르는 찻주전자 자신의 생각과 감정을 풀어놓고 있다.

이렇게 찻주전자 자신이 풀어놓은 이야기를, 폴란드의 작가 올가 토카르추크는 2019년 12월 그의 노벨 문학 수상 연설 「다정한 서술자」에서 제안하는 '제4인칭 관점'에 따라 다음과 같이 설명하고 있다.

> "사물들에도 나름의 고민이 있고, 그들에게도 감정이 있으며, 심지어 인간과 흡사하게 일종의 사회생활을 한다고 굳게 믿고 있었으니까요. 그 시절 찬장 안 접시들은 서로 이야기를 나누었고, 서랍 속 스푼과 나이프, 포크는 한 가족처럼 지냈습니다."(352쪽)

---

15) 한스 크리스티안 안데르센, 『안데르센 동화 123가지 - I』 한국어린이문화연구소, 2006, 2012.

"문학은 등장인물의 내적 논리와 동기에 초점을 맞추면서 다른 방식으로는 제3자가 도저히 파악하기 힘든 고유한 경험들을 드러내 보이고, 독자를 자극해 등장인물들의 행동에 대한 심리적 해석을 유도합니다. 오직 문학만이 우리로 하여금 다른 존재의 삶 속으로 깊숙이 파고들어가서 [제4인칭의 관점으로] 그들의 당위성을 이해하고, 그들의 감정을 공유하고, 그들의 운명을 체감하게 만들 수 있습니다."(351쪽)[16]

그러니까 찻주전자 같은 한낱 사물이라도, 그것을 바라보는 제1인칭 서술자의 주관적 관점에 따라 서술할 수 있는 '대상'이 아니며 제3인칭의 객관적 관찰자 시선에 따라 서술할 수 있는 '타자'도 아니다. 그렇게 한 개체 생명이든 사물이든 그 자신이 각기 지니고 있을 체험과 생각 그리고 그에 따르는 감정을 그대로 살려서 서술할 수 있는 충실한 대변자를 토카르추크는 '제4인칭 관점'을 지닌 「다정한 서술자」라고 이름한다.

우리의 일상에서 한낱 '대상' 아니면 '타자'로서 취급받는 어떤 자연의 존재와 사물도, 그 자체의 체험과 그에 따르는 생각과 감정을 지니는 행위 주체임을 올가 토카르추크는 설파하고 있다. 그렇다면 21세기 폴란드의 작가 올가 토카르추크의 「다정한 서술자」곧 '제4인칭 관점'은, 어떻게 16세기 또 한 사람의 폴란드 출신 니콜라우스 코페르니쿠스로부터 전해오는 관점혁명의 과제를 되살리고 있는가?[17]

---

16) 올가 토카르추크, 『다정한 서술자』 최성은 옮김. 서울: 민음사, 2022.

17) 코페르니쿠스에서 토카르추크로 전해진 관점혁명은 다시 이를테면 한국 고유의 민화(民畵) 그리고 헬레니즘 시대에 등장한 예수의 메시지가 대변하는 '제3 지대의 관점혁명'으로 연대(連帶)한다. 이 책의 Σ8. "나는 누구의 아바타인가?"에서 마디글 8. 참고.

제4인칭 관점으로 대표하는 토카르추크의 「다정한 서술자」는 코페르니쿠스 혁명의 과제를 이어받아 다시금 우리로 하여금 인간 본위, 자아 중심의 관점을 탈출해서 주변 존재로서 본디의 자리로 돌아가도록 이끌어 가고 있는 것이다.

말하자면 코페르니쿠스의 관점혁명을 이어가는 토카르추크의 '제4인칭 관점'에 따르면, 현대 문명이 전개되는 온갖 방면에서 드러나고 있는 '인류세'(the Anthropocene)라는 위기는, '무한 영원의 흐름에 바탕을 두는' 자연과 우주를 그 자체의 주권이나 초월성이 없는 한낱 피동적 '대상' 또는 '타자'로 취급하는 데서 비롯하는 것이다. 그래서 한낱 피동적인 '대상' 또는 '타자'로 추락해버린 자연과 우주 자체의 초월적 주권 회복을 위하여, 토카르추크는 오늘의 인류에게 던지는 경고를 다음과 같은 짧은 한마디로 요약하기도 한다.

"그것에 [그 자신의] 목소리를 투여한다."(363쪽)[18]

(230820)

---

18) 올가 토카르추크, 『다정한 서술자』 최성은 옮김. 서울: 민음사, 2022.
토카르추크의 노벨문학상 수상 기념 연설의 중국어 번역에서 더욱 뚜렷하여진 해당 문구는 다음과 같다. "让这些事物有发出声音的可能" https://z.arlmy.me/Wiki/library/Original_OlgaTokarczuk_NobelLecture.html.

셋째 문

시인이 이끄는 귀향의 여정

Σ2.
장-폴 사르트르의 『구토』에서 겪은 야생의 체험

1.

만약 '의식'이라고 할 만한 것이 세상에 출현하지 않았었다면, 그래서 어떤 이름도 어떤 종류도 어떤 법칙도 만들어지지 않았었다면, 그 원시의 아니 야생의 자연은 어떤 모양으로 우리에게 다가왔을까? 문명 이후 초유의 이러한 상상의 실험을 하면서 20세기 문학청년 장-폴 사르트르(1905-1980)는 어떤 이름도 종류도 법칙도 없는 x의 자연학 곧 '야생의 자연학'을 발견했다.

그러한 야생의 자연학을 품고 있는 문학청년의 작품 『구토』[1]에서 펼쳐지는 이야기들 가운데 떠오르는 주제를 발췌해서 **가.** 그리고 **나.** 두 갈래로 나누어 정리해 볼 수 있다.

풀이말

1) 『구토』에 등장하는 주인공 앙투안 로캉탱이 그의 일기에서 묘사하는 체험과 사상은 곧 저자 장-폴 사르트르 자신의 체험과 사상으로 이해 간주하고 그렇게 아래의 논의에서 쓰기로 함.

물론 『구토』가 품고 있는 주제를 이렇게 같은 비중을 지니는 두 갈래로 보는 데에 사르트르는 동의 안 할 수도 있다. 그러나 사르트르는 분명히 **가.** '구토' 증세에 시달릴 때 자연과 사물이 그것들에 주어진 이름과 종류와 법칙을 벗어던지고 그 자체의 알 수 없는 괴물 덩어리로 변신한 상태를 생생하게 묘사하고 있다. 그러다가 **나.** '구토'의 증세를 극복하고 자기 자신의 순수 의식을 되찾았을 때, 어떻게 자연이나 사물 자체가 행사하는 야생의 관성이나 습관을 물리치고 아무것도 간섭할 수 없는 무(無)의 상태 곧 순수 의식 가운데서 주체가 되어 의도하는 무엇이든 만들어 내는 창작 행위 나아가 창조 행위가 가능한지를 모색하고 있다.

여기서 순수 의식과 존재 자체(물 자체) 사이에 마치 서로 행위 주권을 독점하려는 대립 관계가 일어나는 듯하다. 그렇게 대립 관계로 나뉘는 순수 의식과 존재 자체(물 자체) 사이에는 적어도 양면 단절의 관계가 아닌 양면 경쟁의 사태가 벌어진다. 이렇게 사르트르에게서는, 칸트가 순수 의식과 존재 자체(물 자체) 사이에 설치했던 '양면 단절의 이분법'이라는 관계는 해체된다.[2]

따라서 사르트르의 구토 체험 가운데서는 순수 의식과 존재 자체 사이를 가로막았던 단절의 관계를 걷어차며 존재 자체가 거침없는 행위 주체로 폭발하는 이변을 연출하기에 이른다.

이로써 칸트가 인간의 순수 이성을 판단 행위의 주체로 띄우고, 존재 자체(물 자체)는 절대 침묵하도록 밀폐된 암흑세계에 가둠으로써 자신

---

2) 칸트가 그의 『순수이성비판』에서 설치한 '단절의 이분법'이란 무엇인가? Σ1. "코페르니쿠스의 혁명이 칸트를 거쳐 토카르추크에 이르는 길"에서 마디글 2. 참고.

이 따르는 것처럼 선언했던 이른바 '코페르니쿠스의 혁명'은 헛된 것으로 드러난다. 왜냐하면 칸트가 인간의 순수 이성에게 판단 행위의 주권을 선언하게 하는 것은, 지구 중심의 천체관 또는 자아 중심의 세계관 폐기를 추구한 코페르니쿠스의 혁명에 분명하게 배반하는 것이기 때문이다.[3]

이렇게 사르트르의 『구토』가 보여주는 혼돈의 체험에 이르러서 비로소 존재 자체(물 자체)의 행위 주권이 회복되는 것으로 볼 수 있다.[4]

(230317)

가.

"물체들, 그것들이 사람을 '만져서'는 안 될 것이다. 그것들은 살아있지 않기 때문이다. 우리는 그것들을 사용하고 정리하고, 그 틈에서 살고 있다. 그것들은 쓸모 있을 뿐 그 이상 아무것도 아니다. 그런데 그것들은 나를 만지는 것이다. 나는 그것을 참을 수가 없다."(『구토』 22쪽)[5]

---

3) 과연 칸트는 코페르니쿠스의 혁명에 배반했는가? 아니면, 칸트는 『순수이성비판』에서 그가 취하는 새로운 관점의 모델로 끌어드렸던 코페르니쿠스의 혁명을 실행하는 데 성공하였는가? 이 물음에 대한 이후 철학자들의 해답과 평가는 일치함이 없고 이론(異論)이 분분한 데가 있다. 위의 Σ1. "코페르니쿠스의 혁명이 칸트를 거쳐 토카르추크에 이르는 길"에서 마디글 2. 참고.

4) 사르트르의 구토 체험 가운데서 존재 자체가 절대의 행위 주체로서 인간의 의식 주체를 압도하는 사태에 이르렀을 때, 사르트르는 칸트가 이루지 못한 코페르니쿠스의 혁명을 완수하였다고 볼 수 있는가? 아래에서 남겨진 과제를 정리하고 있다.

5) 장 폴 사르트르, 『구토』 강명희 옮김. 서울: 하서출판사, 2009. 『구토』에서 따온 아래의 글도 같은 책에서 가져옴.

"나는 중얼댄다. 이것은 의자야. … 그러나 말이 내 입에 남아 있어 물건 위에까지 가서 자리 잡기를 거부한다. 물건은 있는 그대로다. … 그것은 의자가 아니다. … 사물들은 명명된 그들의 이름으로부터 해방되었다."(『구토』 231쪽)

"나는 공원에 있었다. 마로니에의 뿌리는 바로 내가 앉은 의자 밑에서 땅에 뿌리를 박고 있다. 그것이 뿌리라는 것을 나는 이미 기억하지 못했었다. 어휘는 사라지고, 그것과 함께 사물의 의미며, 그것들의 사용법이며, 또 그 사물들 표면에 사람이 그려 놓은 가냘픈 기호도 사라졌다. … 존재가 갑자기 탈을 벗은 것이다. 그것은 추상적 범주에 속하는 해롭지 않은 자기의 모습을 잃었다. … 또는 차라리 뿌리며, 공원의 울타리며, 의자며, 풀밭의 듬성듬성한 잔디며, 모든 것들이 사라졌다. 사물의 다양성, 그것들의 개성은 하나의 외관, 하나의 껍데기에 불과했다. 그 껍데기가 녹은 것이다. 괴상하고 연한 무질서한 덩어리—헐벗은, 무시무시하고 추잡한 나체 덩어리만이 남아 있었다."(『구토』 234-235쪽)

"그것들은 제각기 내가 그 속에 가두어 버리려던 관계에서 빠져나가 고립하여 범람하곤 했다. 그 관계들을 나는 임의적이라고 느꼈었다. 그 관계들은 사물에는 이미 들어맞지 않는 것이었다."(『구토』 237쪽)

"허공에 내던져진 물체는 모두 같은 속도로 떨어진다. … 납은 335도에서 녹고, 전차는 막차가 오후 11시 5분에 시청 앞에서 떠난다. … 나는 자연을 '본다.' … 그 [자연의] 복종은 게으름이고, 자연에는 법칙이 없다는 것을 나는 알고 있다. [사람]들은 그것을 항구적인 것으로 간주하고 있는 것이다. … [그러나] 자연에는 습관만이 있고, 자연은 습관을 내일이라도 바꿀 수가 있다. 만약 무슨 일이 생긴다면? 만약 갑자기 자연이 꿈틀거리기 시작한다면? … 그때 그들의 둑, 그들의 성벽, 그들의 발전소, 그들의 용광로, 그들의 전기방아가 무슨 소용이 있을 것인가? 그것은 언제든지, 아마 당장에라도 일어날 수 있는 일이다."
(『구토』291-292쪽)

사르트르는 기발한 문학청년 시절의 작품『구토』에서 그 자신이 뜻한 바와는 전혀 관계없이, 자연과 사물로 하여 그 존재 자체의 자발적 주체성에 따라 움직일 가능성을 열어놓고 있다. 이는 인간이 그의 언어 기술에 의해 자연과 사물에 덮어씌웠던 온갖 특성과 개성, 행태와 법칙을 무력화(無力化)해버리는 반란(反亂) 반전(反轉)의 가능성이, 자연과 사물이라고 불리는 존재 자체에 있음을 시사하는 것이다. 그의 구토 체험 가운데서는 행위의 주권이 인간으로부터 존재 자체로 이동하는 그래서 이름도 꼴도 벗어던진 괴물 덩어리로 변신하는 반란의 사태가 벌어지고 있다.

이렇게 사르트르의 구토 체험 가운데서 존재 자체 곧 자연과 사물이, 인간에 의해 덧씌워진 각기의 특성과 모양, 행태와 법칙을 완전히 풀어 헤치고 나체 아니면 괴물 같은 모습으로 변신한다. 여기서 사르트르는 칸트의 존재 자체 곧 '물 자체'(Ding an sich)가 밀폐된 암흑에 갇혀 완전히 침묵하는 모습과는 건널 수 없는 차이를 연출한다.

칸트는 존재 자체로 하여 행위 주체로서 행사하는 어떤 현실적 가능성도 차단해 버림으로써 그 자신이 선언했던 코페르니쿠스의 혁명 곧 행

위 주체가 인간으로부터 존재 자체의 영역으로 넘어가는 관점 혁명의
가능성을 오히려 가로막고 있었다.

이에 대조적으로 사르트르는, 그의 실존주의 행동철학에 따라 인간의
순수 의식이 행위 주체로서 행사하기를 근본적으로 추구했음에도, 그
의 구토 체험 가운데서 자연과 사물이라고 불리는 존재 자체가 완전한
행위 주체로서 등극하는 사태를 생생하게 연출하고 있다. 사르트르는
구토 체험에서 그 자신의 뜻하는 바를 배반해서, 행위 주체가 인간 곧
의식 주체로부터 존재 자체로 반환되어가는 코페르니쿠스의 혁명을
수행하고 있다. (230317)

나.

> "나는 항상 그것을 알고 있었다. 나에게는 존재할 권리가 없었다. 나는
> 우연이 생겨나서 돌처럼, 식물처럼, 세균처럼 존재하고 있었다."(『구
> 토』 156쪽)[6]

> "몇 초만 있으면 흑인 여자가 노래를 부를 것이다. 그것은 불가피한 일
> 같다. 그만큼 이 음악의 필연성은 강하다. … 그 필연성은 질서에 따라
> 스스로 멈출 것이다. 내가 그 아름다운 목소리를 좋아한다면 바로 그
> 렇기 때문이다."(『구토』 42쪽)

> "나의 생각, 그것은 '나'다. 그래서 나는 멈출 수가 없다. … 내가 갈망

---

6) 장 폴 사르트르, 『구토』 강명희 옮김. 서울: 하서출판사, 2009. 『구토』에서 따온 아
래의 글도 같은 책에서 가져옴.

하고 있는 저 무(無)로부터 나 자신을 끄집어내는 것이 바로 나, '나'
다. … 생각은 현기증처럼 내 뒤에서 생겨나고, 나는 그것이 내 머리
뒤에서 생기는 것을 느낀다. … 생각이 한없이 커진다. 그리하여 거
기 나를 충만시키고 나의 존재를 새롭게 하는 무한한 것이 있다."(『구
토』 184쪽)

"내가 노래를 듣고, 그것을 만든 이가 그 친구라는 것을 생각할 때 …
나는 그가 부럽다. … 두 사람은 구원되었다. [음악을 만들어낸] 유대
인과 [그 노래를 부른] 흑인 여자다. … 그들은 존재한다는 죄악으로부
터 몸을 씻었다. 물론 완전한 것은 아니다. … 흑인 여자가 노래한다.
그러면 그 여자의 존재를 정당화시킬 수 있단 말인가? 아주 조금이라
도? … 나는 무슨 일을 할 수 있을 것인가? 그것은 책이라야 할 것이다.
… 인쇄된 말들 뒤에, 페이지들 뒤에, 존재하지 않는 그 무엇, 존재 위
에 있는 그 무엇을 사람들이 알아낼 수 있도록 해야 할 것이다. 예를 들
어 어떤 이야기, 생겨날 수 없는 듯이 보이는 어떤 모험, … 그것은 사
람으로 하여금 그들의 존재에 대해서 부끄러워하도록 해야 할 것이
다."(『구토』 325-327쪽)

이처럼 사르트르가 마음 가운데에 품고 있는 깊은 뜻은, 존재 자체 곧
자연과 사물에 행위 주권을 넘겨주는 데 있지 않았다. 실은 철두철미하
게 의식 주체 곧 인간 본위의 행위 주권을 쟁취해서 그것을 현실화하는
데에 그의 목표가 있었다.

사르트르는 자기 자신으로부터 우러나는 이유와 동기가 없이, 세상의
물건처럼 또는 자연처럼 그냥 우연히 세상에 던져져서 존재한다는 것

에 대하여, 특히 세상에 던져져 우연히 있는 자기 자신에 대하여 부끄럽기까지 하다고 느낀다.

그래서 인간이 아무것도 없는 순수 의식으로부터 일어나는 동기나 이유를 가지고 뜻하는 바에 따라 무엇이든 만들어 내는 창작 아니면 창조 행위에서 절대의 가치를 찾는 것을, 줄기찬 구역질을 극복하며 이어가는 마지막 이야기(특히 『구토』 325-327쪽)에서 확인할 수 있다. (230317)

2.

우리는 하나의 사태를 앞에 놓고 서로 얼마나 다른 생각들을 하고 있는지 깨닫는다. 인간은 세상에 펼쳐진 무한한 가지의 사건 사태에 대해 제멋대로 무한한 상상과 판단을 한다. 그래서 어느 날 자기의식 가운데서 벌어지는 다음과 같은 반란의 사태를 돌이켜 볼 수 있다.

"사물들을 같음의 지평으로 눕히려는 나의 의식은 말한다.

'이것은 나무다.'
'이것은 돌이다.'
'이것은 바람이다.'

그러나 그들은 모두 거부하는 몸짓을 한다.

'나는 나무가 아니다.'
'나는 돌이 아니다.'

'나는 바람이 아니다.' … "(47쪽)[7]

이렇게 인간이 마음껏 행사하는 상상과 판단의 무한한 '자의성'(恣意性) 아니면 오만한 자아의식을 돌이켜보면서 한 사람은 모든 존재를 향하여 아니 모든 존재를 대신하여 이렇게 해방의 선언을 할 수도 있다.

"존재하는 모든 것들을 인간으로부터 해방시켜라!"(167쪽)[8]

(230305)

3.

세상에 존재하는 모든 것들을 인간의 자의적 상상과 판단으로부터 완전히 해방시키는 실험을 했던 유일한 철학자는, 역설적이게도 20세기 인간 본위의 실존주의 행동가 장-폴 사르트르이다. 그는 청년 시절의 작품『구토』에서 세상에 존재하는 온갖 것들이, 각각에 덧씌워진 특성과 모양 그리고 각각이 서로 맺는 관계에 따라 매겨진 행태와 법칙을 벗어 버리며 '생생한 나체 덩어리 같은 존재'가 되는 장면을 연출 묘사하고 있다. 자연과 사물이 인간에 의해 그에게 덧씌워진 특성이나 모양, 행태나 법칙을 벗어버렸을 때 드러나는 나체 덩어리 같은 야생의 존재는 어떤 모습일까? 그런 야생의 자연, 야생의 모습을 사르트르는 다음과 같이 묘사했다.

---

7)『동양의 논리는 어디에 있는가』(1993년 초판) 고양, 경기: 사월의책, 2017.

8)『x의 존재론』고양, 경기: 사월의책, 2017.

"만약 존재라는 것이 무엇이냐고 나에게 물었다면, 나는 서슴지 않고 그것은 아무것도 아니다. … 존재가 갑자기 탈을 벗은 것이다. … 뿌리며, 공원의 울타리며, 의자며, 풀밭의 듬성듬성한 잔디며, 모든 것들이 사라졌다. 사물의 다양성, 그것들의 개성은 하나의 외관, 하나의 껍데기에 불과했다. 그 껍데기가 녹은 것이다."(『구토』235쪽)

"나는 자연을 '본다'. … 그 복종은 게으름이고, 자연에는 법칙이 없다는 것을 나는 알고 있다. … 자연에는 습관만이 있고, 자연은 습관을 내일이라도 바꿀 수가 있다. … 만약 갑자기 자연이 꿈틀거리기 시작한다면? … 그때 그들의 둑, 그들의 성벽, 그들의 발전소, 그들의 용광로, 그들의 전기 방아가 무슨 소용이 있을 것인가? 그것은 언제든지, 아마당장에라도 일어날 수 있는 일이다."(『구토』292쪽)

자연에 대해 관찰 실험하며 발견했다고 사람들이 믿는 이른바 '자연의 법칙'이라는 것은 다만 자연이 일상에서 반복하고 있는 습관일 뿐이라고 사르트르가 풀이하고 있다. '자연의 법칙'을 다만 '자연의 습관'일 뿐이라고 풀이하는 사르트르의 근거는? 자연 그리고 모든 사물은 본디 그 자체에 어떤 특성이나 모양, 일반화할 수 있는 어떤 행태나 법칙을 가지고 있는 것이 아니라는 그의 뛰어난 직관에 바탕을 두고 있다.

이렇게 어떤 특성이나 모양, 어떤 행태나 법칙도 거부하는 본디의 자연은, 18세기의 철학자 이마누엘 칸트(1724-1804)가 인간이 지닌 것으로 주장하는 선험적 감성 형식과 판단 형식을 완전히 벗어난 저 너머 원시의 자연 곧 '물 자체'(Ding an sich)와 같은 자리에 놓인 바로 그런 것이다. 저 너머 보이지 않는 밀실에 갇혀있던 칸트의 물 자체가 사르트르의 구토 체험 가운데서 폭발하며 반란을 일으키고 있는 것이다.

(230308)

4.

그렇게 구토가 발작하는 상태에 들어간 사르트르는, 세상에 존재하는 것들에서 특히 자연에서 어떤 특성이나 모양, 어떤 행태나 법칙 같은 것을 발견할 수 없었다. 그런 특성이나 모양, 행태나 법칙 같은 것을 완전히 벗어나 존재하는 것들에게서 확인하거나 발견할 수 있는 아무것도 없었으므로, 그것들은 어떤 이유도 근거도 없이 다만 우연히 세상에 던져진 괴물 같은 덩어리로서 현재하는 것일 뿐이었다.

그래서 사르트르는 자기 자신도, 역시 어떤 필연의 이유 없이 다만 우연히 그냥 세상에 던져져 존재한다는 사실에 대해, 자부할 것이 없는 부끄러움을 느낀다.

> "나는 항상 그것을 알고 있었다. 나에게는 존재할 권리가 없었다. 나는 우연히 생겨나서 돌처럼, 식물처럼, 세균처럼 존재하고 있었다."(『구토』 156쪽)

> "나는 불안한 눈초리로 주변을 둘러보았다. 현재뿐이었다. 그 이외에는 아무것도 없었다. … 그리고 현재가 아닌 모든 것은 존재하지 않았다. … 나는 이제 알았다. 사물이란 순전히 보이는 그대로의 것일 뿐이다. 그 '뒤'에는 … 아무것도 없다."(『구토』 176-177쪽)

"그것은 우연이다. 존재는 필연이 아니라는 뜻이다. 존재란 단순히 '거기에 있다'는 것이다. … 우연성은 지워버릴 수 있는 허상이나 외관이 아니라 절대다."(『구토』 242쪽)

그렇다면 사르트르는 자기 자신이 다만 우연히 존재하는 부끄러움을 벗어나는 어떤 방법을 찾고 있는가? 그는 우연히 그냥 세상에 던져져 존재하는 데서가 아니라 자기가 스스로 자신의 이유나 동기를 가지고 무엇이든 만들고 일으킴으로써 비로소 '다만 우연히 존재하는 부끄러움'에서 그리고 '우연히 존재하는 죄악'에서 벗어날 수 있을 것이라는 생각에 이르게 된다.

"나는 그가 부럽다. … 그는 존재한다는 죄악으로부터 몸을 씻었다. … 흑인 여자가 노래한다. 그러면 그 여자의 존재를 정당화시킬 수 있단 말인가? 아주 조금이라도? … 내가 무슨 일을 할 수 있을 것인가? 그것은 책이라야 할 것이다. … 인쇄된 말들 뒤에, 페이지들 뒤에, 존재하지 않는 그 무엇, 존재 위에 있는 그 무엇을 사람들이 알아낼 수 있도록 해야 할 것이다. 예를 들어 어떤 이야기, 생겨날 수 없는 듯이 보이는 어떤 모험, … 그것은 사람으로 하여금 그들의 존재에 대해서 부끄러워하도록 해야 할 것이다."(『구토』 326-327쪽)

사르트르에게는 세상에 존재하는 자연, 사물, 그리고 자아 '나'조차도 그 자체에서 발견할 수 있는 아무것도 없었다. 그것들은 어떤 이유나 근거 없이 세상에 던져져 있을 뿐이다. 그러므로 사르트르는 자기 자신 아니 아무것도 없는 순수 의식으로부터 일어나는 이유나 근거에 의해서 창조되는 것이라야 비로소 의미 있고 가치 있는 것이라고 믿게 된다.

사르트르는 오직 순수 의식 가운데 '아무것도 없는 데서'(*ex nihilo*) 무엇이든 만들어 내고 일으키는 창조 행위에서 의미와 가치를 발견한다. 이제 사르트르는, 구토의 체험 가운데서 존재 자체가 행위 주체로 변신하는 발견의 체험을 망각해버리고, 아무것도 없는 순수 의식 가운데서 발작하는 절대의 자유를 선언하기에 이른다.

이렇게 구토의 체험으로부터 벗어난 회복 단계에서 사르트르는 자신이 추구하는 의식주관에 몰입해서, 16세기의 코페르니쿠스와 그를 이어가는 21세기의 토카르추크가 살려 놓으려는 자연의, 사물의 무한한 자체 실현, 자체 표현의 가능 근거를 도대체 받아들일 수 없었다.

(230309)

5.

그렇다면 자연의, 사물의 자체 실현, 자체 표현 가능성은 인간을 향해 어떤 관계를 요구하는가? 자연과 사물 자체는 인간에게 어떤 새로운 관계로 다가오는가? 이 같은 물음이, 바로 16세기의 니콜라우스 코페르니쿠스 그리고 이어서 21세기의 올가 토카르추크가 암시하는 것처럼, 인류의 자아의식이 스스로 취해야 할 반성 곧 인류의 자아 존재가 스스로 주변 존재로 반성 반전(反轉)하도록 이끌어 가고 있는 것이다.

인류의 자아 존재가 스스로 주변 존재로 반성 반전하는 가능성을 향해 다음과 같은 존재 분석의 과정을 거쳐 갈 수 있다.

"세상 사람들이 스스로 잡혀 들어가서 벗어날 수 없는 '자아' '나'라고 하는 그것은 오늘 21세기에 와서 다시 추적해 보면 결국에 따라가 확인할 수 없는 '영원의 한 조각 분신으로서 지닌 기억체계 x'이다. 그렇다면 그래도 집요하게 남아 있는 지금의 '자아' '나'라고 하는 언어적 허상을 어떻게 처리해야 할까? 이것이 세상에 몸을 드러낸 하나하나의 개체 존재 x에게 여전히 순간순간으로 다가오는 영원한 과제이다."(162쪽)[9]

"문명 이후 쉼 없이 자아의식의 깊이를 천착해온 끝에 오늘에 이른 현대인은 모두 세상의 현실로부터 이탈 분열한 그 자신만의 내부 공간 안에서 가상의 실험을 쉼 없이 한다. 문명 이후 사람들은 각각 그의 깊은 내부 공간에 세상 현실로부터 분열해 숨어든 자의식의 거처를, 아니면 세상 현실로부터 이탈하여 고독한 영혼의 거처를 마련하고 있다."(234-235쪽)[10]

그렇게 인류의 '자아' '나'라고 하는 것은, 그 자신의 개체발생(ontogeny) 및 계통발생(phylogeny) 과정을 끝까지 따라갈 때 떠오르는 영원의 '한 조각 분신' x이다. 그리고 '자아' '나'가 그의 깊은 내면에 간직하고 있는 의식 그 '아무것도 없는 데서'(ex nihilo) 일어난다고 하는 사르트르의 상상과 창조 행위는, 바로 저 끝을 확인할 수 없이 오랜 영원의 한 조각 분신 x가 발현 유희하는 '조작 사태'에 다름 아닌 것이다.[11] (230310)

---

9) 『왜 x의 신학인가?』 고양, 경기: 사월의 책, 2023.

10) 『진리의 패권은 사람에게 있는 것이 아니다』 고양, 경기: 사월의 책, 2019.

11) "이렇게 '아무것도 없는 데서'(ex nihilo) 아니면 존재가 부정된 무(無)의 자리에서 일어난다고 말하는 사르트르의 기발한 상상은, 실은 '그 끝을 확인할 수 없는 그

6.

사르트르는 '자아' '나'라는 인간 자신의 주체성이 자연, 사물, 그리고 물 자체에 의해 박탈당하는 역전의 가능성을 명료하게 인식하는 가상의 실험을 그의 『구토』에서 묘사하고 있었다. 그렇게 그는 자신이 주장하고 있는 순수 의식의 자발적 창작 창조 행위가 자연에, 사물에, 물 자체에 의해 격파 반전(反轉) 당할 수도 있다는 위기의 가능성을 충분히 감지하고 있었다고 볼 수 있다.

> "진리는 사람이 그의 고유한 창작 행위로써 만들어 내는 것인가? 증명이나 실험으로써 찾아내는 것인가? 아니면, 명상이나 직관에 비쳐 오는 어떤 것인가?
>
> 거부할 수 없는 것으로서, 피할 수 없는 것으로서 다가오는 진리는 사람의 이런저런 엮음으로, 만듦으로, 함으로 이루어지는 것이 아니다. 이를테면 전쟁이 휩쓸고 간 다음 모든 게 허물어진 폐허에서 아니면 자연이 폭발해서 모든 것이 무너진 잔해의 빈터에서, 사람이 창조 실현하려는 진리보다 언제나 큰, 반전(反轉)의 장면 곧 '절대의 다름으로의 길' 앞에 놓인다."(274쪽)[12]

이처럼 자연, 사물, 물 자체가 그 영원의 기억에서 토해내는 거침없는

래서 의식에서 사라진' 영원의 기억 x에 말미암은 발작 행위 ¬x 곧 가상 현실에 다름이 아닌 것이다." 아래의 Σ8. "나는 누구의 아바타인가?" 마디글 3. 참고.

12) "옛날 그리스 비극의 사족으로서의 서양 철학사," 『동양의 논리는 어디에 있는가』 고양, 경기: 사월의책, 1993, 2017.

주체 행위에 의해 인류 자아의 주체성이 여지없이 격파 반전 당하는 장면에 맞닥뜨릴 때가 있다. 영원으로부터 분출하는 우주적 시간대의 흐름 가운데서 예고 없이 닥쳐오는 이 격파와 반전의 장면이 이른바 코페르니쿠스의 혁명이 인류에게 경고하는 관점 혁명의 메시지일 수 있다.

여기서 고대문명 발상 이후 철학자들로 비롯하여 인류가 쌓아온 극단의 인간 본위, 자아 중심의 세계관은, 영원한 우주적 시간대의 흐름 가운데로 회귀 합류해 들어갈 수밖에 없는 순간순간의 가상 실험으로 기억될 날을 암시하고 있다. (230311)

7.

사르트르가 그의 구토 체험에서 발견한 자연과 사물의 걷잡을 수 없는 거대한 변신 반란의 가능성은 더 이상 인간의 언어 기술에 의해서 설명하거나 통제할 수 있는 것이 아니다. 오히려 이제는 인간의 언어 기술에 의해 덧씌워진 탈을 벗어 던지며 알 수 없는 괴물 같은 나체로 나타나는 야생의 자연과 사물 자체의 모습에 맞닥뜨려야 하는 우주적 시간대의 흐름 앞에 놓여있음을 깨닫게 된다.

사르트르가 구토의 체험 가운데서 묘사하는 자연과 사물의 변신 반란의 장면은, 플라톤이나 노자를 비롯한 문명 이후 출현한 철학자들의 개념 정의와 범주 체계가 그 독선의 절대성을 완전히 잃어버리는 원시 야생의 사태를 연출하고 있다. 그러나 그렇게 독선의 절대성을 완전히 잃어버리기 이전에 수천 년 동안 철학자들은 그들이 만들어낸 인간 본위의 가상 세계를 제멋대로 조작 연출하고 있었다.

> "언어의 기술자 곧 '말을 가지고 생각하는 이'(verbalizer)로서 버트런
> 드 러셀이 소속하는 계통의 선배 철학자들로는 플라톤과 아리스토텔
> 레스 같은 이들이 있다. 그들은 개념 정의와 그에 따르는 경직된 범주
> 체계를 가지고, 그들이 현실적으로 소속한 우주적 시간대의 막을 수
> 없는 흐름을 형식화(形式化) 그리고 박제화(剝製化)하려고 시도했었
> 다."(68쪽)[13]

그렇다면 모든 것이 자신을 불태우며 소멸해 들어가는 쉼 없는 우주적
시간대의 막을 수 없는 흐름을 인간의 언어 기술로 박제화하지 않고 생
생한 그대로 시각화(視覺化) 감각화(感覺化)하는 어떤 대안의 길이 있는
가? 인간의 언어 기술 곧 '말을 가지고 생각하는 이'(verbalizer)가 아닌
'그림을 떠올리며 찾아가는 이'(visualizer)로서 헤라클레이토스가 제시
하는 또 하나의 길이 있다.

'끊임없이 흐름에도 한결같음에 머무른다.' '불사자(immortals)는 가사
자(mortals)이다.' '죽음을 살고 삶을 죽는다.' 이처럼 선언하는 헤라클
레이토스가 뜻하는 바를, 그 후세대에 나타난 플라톤과 아리스토텔레
스에서 20세기의 버트런드 러셀에 이르기까지 그들은 박제화한 언어
체계 곧 '동일 보존' 또는 '모순배제' 같은 경직된 형식논리 규칙에 매달
림으로써 전혀 이해할 수 없었다.[14]

---

13) 『야생의 진리』 고양, 경기: 사월의책, 2021.

14) "겉으로 드러나는 반대/대립의 현상 이면에는 '하나로 일치함' 또는 '하나의 조화'
라는 숨은 진리가 있음을 보라고 헤라클레이토스가 가리키고 있음에도, 플라톤

헤라클레이토스가 현실 세계 가운데서 직시(直視) 시각화(視覺化)한 진
리 곧 서로 어긋나면서도 어울림으로써 '불일치와 일치가 함께 하는'
질서는 어떤 모양으로 나타나는가? 세상에 태어난 존재들 각각의 일생
이 통과하는 시간대의 흐름은 어떻게 '불일치와 일치' '부재화와 초월'
의 관계를 그리며 나아가는가?

> "'초월'은 스스로 하든 당하든, 일생에 할 수도 안 할 수도 있는 선택이
> 아니다. 초월은 결국에 피할 수 없는 자기 시간대의 붕괴 절차이다. 이
> 를테면 다가오는 죽음은 한 일생의 피할 수 없는 마지막 과제로서 주
> 어지는 자기 시간대의 붕괴, 그러한 자기 부재화(不在化)로써 이루는
> 자기 자아의 초월이다. 죽음은 자기 자아의 해체가 아니라 자기 자아
> 를 초월함이다. 그렇게, 초월은 운명이다."(110쪽)

> "'부재화 곧 초월'이라는 한결같은 동시 양면 행위 이것이, 언어 조작
> 기술에 뛰어난 플라톤이 이해할 수 없었던, 선배 철학자 헤라클레이토
> 스가 '불일치하는 것들의 일치' '부재화 곧 초월'을 투시하며 전하려는
> 그림 같은 흐름의 모양이다."(219쪽)[15]

인간의 언어 기술에 의해 박제된 자연, 사물, 물 자체의 행태와 법칙을

과 그를 따르는 아리스토텔레스는, 끊임없이 흘러가서 '이러하다가'(it is thus) '이
러하지 않은'(it is not thus) 물결들을 하나로 일치하는 것이라고 말하는 헤라클레
이토스가 논리적 모순에 빠져 있다고 비판하고 있다. 말하자면, '이러하다가' '이
러하지 않은' 두 가지 다른 것에 하나의 같은 '이름을 매길 수'(predicable) 없으므
로 그것들이 하나로 일치하는 것이라고 볼 수 없다는 'verbalizer'의 주장이다."
(69-70쪽) 『야생의 진리』 고양, 경기: 사월의책, 2021.

15) 『야생의 진리』 고양, 경기: 사월의책, 2021.

바로 그 언어 기술로부터 해방시킨 사르트르는 그때, 적어도 칸트가 의식주관과 물 자체 사이에 설치했던 '단절의 이분법'을 해체해 버린 것이다. 그렇게 사르트르는 그의 구토 체험 가운데서, 칸트가 영원한 침묵의 감방으로 가두어 놓았던 이른바 '물 자체'(Ding an sich)로 하여 그 자체의 잠재 역량을 유감없이 발휘하도록 자유로운 마당으로 호출해 냈었다.

사르트르는 '그 자신이 뜻하지 않았지만' 그의 탐구 과정에서, 자연, 사물, 물 자체로 하여 그 자체가 행위 주체로서 등극하는 우주적 패권을 되찾게 함으로써 코페르니쿠스가 제시하는 세계관 혁명의 메시지를 이어가고 있었다. (230315)

8.

인류의 문명이 시작한 이후 역대의 철학자들은 그들의 언어 기술에 의해 자연, 사물, 물 자체가 지닌 야생의 행태를 박제화함으로써 그것들을, 인류의 주체 의식에 굴복시켜서 피동적 차원에다 눕혀버렸다. 제각기 짧은 시간대를 살아가는 영원의 한 조각 분신인 하나하나의 개체 존재로서 인류가 감히, 자신을 잠시 후 다시 삼키게 될 영원한 우주적 시간대의 흐름에 대항하며 오히려 관리 통제하는 자격으로 자처 자임 해도 괜찮을까? 그렇다면 누가 수많은 개체 존재와 우주 자연, 순간과 영원 사이에 한순간의 손님으로 끼어든 인간 존재 또는 인류 자신을 우월한 능동적 주체로 격상해 자처하는 것이 당치도 않은 망상임을 보여 줄 수 있었는가?

이에 관련해 20세기에 들어서 기발한 발상으로 등장했던 문학청년 사르트르만큼 인류와 그의 언어에 의해 덧씌워진 껍데기를 벗어던지며 폭발하는 자연, 사물, 물 자체의 압도적인 패권, 절대적인 주권을 회복시키는 데 기여한 철학자 혁명가는 일찍이 없었다. (230324)

Σ3.
추억에 떠오르는 시인의 고향

1.

어느 늦은 저녁 나는 / 한강

어느
늦은 저녁 나는
흰 공기에 담긴 밥에서
김이 피어올라오는 것을 보고 있었다
그때 알았다
무엇인가 영원히 지나가 버렸다고
… … 1)

피어오르며 어디론가 떠나가는 훈훈한 김은 지금 여기서 내가 먹고 있
는 따뜻한 밥에 소속하거나 종사하는 것이 아니다. 피어오르며 어디론

풀이말

1) 한강, 『서랍에 저녁을 넣어 두었다』 서울: 문학과지성사, 2013.

가 떠나가는 김은 그렇게 다가가려는 영원에 소속 종사하는 것이다.

그리고 영원을 향해 피어오르는 김과 함께 어디론가 쉼 없이 떠나가는 세상의 모든 것은 제각기 다른 모양으로 쉬이 지워지지 않는 흔적과 그리움을 안은 기억을 땅 위에 남긴다.

그러므로 세상의 모든 것이 잠시 머무는 땅 위에는, 지워지지 않는 온갖 모양의 흔적들과 제각각의 그리움을 안은 기억들로 가득하다. 여기에 잠시 머무는 세상의 모든 것은 지워지지 않은 흔적 그리고 그리움을 안은 기억을 남기며 떠나지만, 그들은 결국에 돌아가야 하는 영원에 소속하는 종사자다. 그렇게 땅 위에 정착 종사할 수 없는 모든 것이 남기는 시간의 흔적과 그리움을 안은 기억이 우리를, 우리의 마음을 기쁘게도 슬프게도 한다.

우리의 마음을 기쁘게도 슬프게도 하는 조금은 가깝고 조금은 멀기도 한 시간의 흔적들이 쌓여가는 따스한 인연을 유미희 시인은 이렇게 그리고 있다.

> 시간의 탑 / 유미희
>
> 할머니,
> 세월이 흘러
> 어디로
> 훌쩍 가 버렸는지 모른다 하셨지요?
>
> 차곡차곡

쌓여서

… …

엄마도 되고
며느리도 되고
외할머니도 되었잖아요.

우리 곁에
주춧돌처럼 앉아 계신
할머니가 그 시간의 탑이지요.[2]

이제 할머니는, 차곡차곡 쌓이는 시간의 흔적들이며 기억들인 이모와
고모와 작은엄마 … 를 남기며 떠나려 한다. 할머니는 그리움을 안은
기억과 흔적을 남기며 끝내 할머니가 종사해야 하는 영원의 고향을 향
해 먼 길을 떠나야 한다.

그래서 여기 이 땅 위의 순간순간에 잡혀있는 우리들로부터 도망치듯
쉼 없이 하늘을 향해 달아나는 연기는 사라짐으로써 무언가 가르치려
는 부처의 심사 같은 것이라고 김수영 시인이 연상하는 듯하다.

연기 / 김수영

연기는 누구를 위하여 일을 하는 것도 아니다
해발 이천육백 척의 고지에서

---

2) 유미희, 『짝꿍이 다 봤대요』, 서울: 사계절, 2007.

지렁이같이 꿈틀거리는 바닷바람이 무섭다고
구름을 향하여 도망하는 놈

… …

부처의 심사 같은 굴뚝이 허옇고
그 우에서 내뿜는 연기는
얼핏 생각하면 우습기도 하다

연기의 정체는 없어지기 위한 것이다
그리고
하필 꽃밭 넘어서
짓궂게 짓궂게 없어져 보려는
심술 맞은 연기도 있는 것이다.[3]

연기는 이 땅 위에 사는 누구의 곁을 지킬 생각이 없다. 연기는 현재라고 불리는 지금 여기에 잠시도 더 머물지 않으려는 듯 미련 없이 떠난다. 그렇다면 그가 향하여 달려가는 그의 다음 쉼터는 어디일까? 연기가 되어 떠나가는 그가 우리에게 남기려는 메시지는 무엇일까? 이 땅위의 여기는 무엇이든 오래 머무는 쉼터가 아니라고. 이처럼 세상의 모든 것이 결국에 돌아가야 하는 영원의 고향을 시사해 준 선각자는 여럿이 있었음에도 우리의 마음은 여전히 여기에 더 머무르고 싶다.

(230410)

---

3) 김수영, 『김수영 전집 1. 시』 이영준 엮음. 서울: 민음사, 2018.

2.

견딜 수 없네 / 정현종

갈수록, 일월(日月)이여,
내 마음 더 여리어져

… …

있다가 없는 것
보이다 안 보이는 것
견딜 수 없네.
시간을 견딜 수 없네.
시간의 모든 흔적들
그림자들
견딜 수 없네.
모든 흔적은 상흔(傷痕)이니
흐르고 변하는 것들이여
아프고 아픈 것들이여.[4]

모든 말은요 / 정현종

모든 말은요
마치 그 말이 전부인 듯이

---

[4] 정현종, 『견딜 수 없네』 서울: 문학과지성사, 2013.

마치 그 말이 실상인 듯이

… …

모든 말의 그러한 치명적인
한계 때문에 우리와
우리 삶의 허상이
차곡차곡 꾸준히
불어나 온 것이겠지요만.[5]

세월이 흘러갈수록 점점 여려져 가는 마음을 견딜 수가 없다고 시인은
토로한다. 세월이 흘러감에 따라 있다가 없어지고 보이다가 안 보이는
것들이 남기는 흔적은 그리움을 안은 기억이며 상흔(傷痕)이다. 여기
서 시인은 철학자가 된다. 아니, 그리움의 분석을 직관하는 시인이 된
다. 그리움을 안은 기억과 함께 상흔을 남기며 없어지고 안 보이는 것
을 잡아 놓으려고 그렇게 사람들은 끊임없이 말, 말을 만들어내는지 정
현종 시인이 묻고 있다.

그러니까 시인은 말, 말을 가지고 시를 쓰는 것이 아님이 분명해진다.
시인은 '말을 가지고 생각하는 이'(verbalizer)[6]들처럼 말을 가지고 글을

---

5) 정현종, 『그림자에 불타다』 서울: 문학과지성사, 2015.

6) "플라톤에서 러셀에 이르기까지 'verbalizer'들은 끊임없이 흘러가는 것들의 변화/
이동과 그런 변화/이동의 순간들을 품은 무한의 시간대들을, 인간이 조작한 개념
과 범주 체계 또는 기호에 의지해 영구히 형상화(形相化)/박제화(剝製化)하려는,
그래서 역시 인간의 안일한 습관일 수밖에 없는 관념적 환원주의에 잡혀있다. …
그러므로 여기서 플라톤, 아리스토텔레스, 러셀 같은 'verbalizer'에게 보이지 않
는, 이를테면 '끊임없이 흐름에도 한결같음에 머무른다.' '대립하는 것들이 조화로
움에 있다.' '죽음을 살고, 삶을 죽는다.' '불사자(immortals)는 가사자(mortals)다.'

쓰는 이가 아니다.

사람들이 그리고 철학자들조차 말, 말에 그렇게 매달리는 이유를 정현종 시인은 돌이켜 본다. 그들은 말이 실상인 듯 귀히 여겨 차곡차곡 쌓아가지만 실로 말은 우리 삶의 실상을 흐리고 가리는 허상일 뿐이라고. 만물 가운데 영장인 척 자처하도록 착각하게 만드는 풍요로운 인간 언어의 능력은 오히려 그들의 치명적 한계일 수 있다고.

일찍이 옛날 희랍에 나타나 만물유전(萬物流轉)을 설파했던 헤라클레이토스의 경계(警戒)를 못 들은 척, 그 다음 세대의 플라톤에서 근세의 이마누엘 칸트를 거쳐 다시 20세기의 분석철학자 버트런드 러셀 그리고 언어를 존재의 집이라고 말한 마르틴 하이데거에 이르기까지[7] 그리고 그 밖에 거의 모든 역대의 철학자들은 그들의 언어를 가지고 인생과 자연을 이해하고 해답하려는 끝없는 시도를 해왔다.

사람들이 겪으며 사는 인생과 자연은 쉼 없이 흘러서 그리움을 안은 기억을 상흔으로 남기고 떠나는데, 그렇게 쉼 없이 흐르는 유전무상(流轉

이렇게 말하는 헤라클레이토스를 이해하는 'visualizer'의 세계가 따로 있음을 다시 떠올리게 되는 것이다."(70~71쪽) 『야생의 진리』 고양, 경기: 사월의책, 2021.

7) 그리고 고대 중국에서는 노자(老子)가 제시한 '유무상생'(有無相生) '상반상성'(相反相成)으로 비롯하는 철학의 역사에서도 유전무상(流轉無常)한 인생과 자연을 말말을 가지고 이해 통제하려는 임무를 끊임없이 수행해온 다음과 같은 선례가 있다.

"이러한 개념과 범주에 의존하는 분석론의 전략은 서양철학 전통에만 고유한 것인가? … 노자의 『도덕경』에는 미추(美醜), 선악(善惡), 고하(高下), 유무(有無)의 대대(對待) 또는 상반상성(相反相成)이라는 정합적 관계(『도덕경』 제2장 보기)가 그의 세계관의 기본 패턴을 이루는데, 이 정합적 관계는 그렇게 대대(對待)하는 성분(成分)개념들에 대한 분석이 선행함으로써 구축 가능했던 것이다."(68쪽) 『안티호모에렉투스』(2001년 초판) 고양, 경기: 사월의책, 2021.

無常)한 시간의 것들을 그 많은 철학자들은 언어를 가지고 영구불변의 형상(形相)으로 굳혀서 박제화(剝製化)하려고 한 것이다.[8]

그렇게 유전무상(流轉無常)한 시간의 것들이 쉼 없이 떠나며 남기는 그리움을 안은 기억과 상흔을 치유하려는 처방과 해법에 철학자들은 전적으로 급급하다. 그들은 시인들과는 너무나 다른 인생과 자연을 산다.

그들도 시인들처럼 그리움을 안은 기억과 상흔을 다가오는 대로 겪으며 익히며 살 수 없을까? 유전무상한 인생과 자연을 쓸데없는 허상(虛像)으로 박제하려는 말의 유희를 치울 수는 없을까? 말의 허상을 치워 버릴 때 유전무상한 인생과 자연은 어떤 모양으로 우리에게 다가올까?

(230413)

　　별 헤는 밤 / 윤동주

　　계절이 지나가는 하늘에는
　　가을로 가득 차 있습니다.
　　나는 아무 걱정도 없이
　　가을 속의 별들을 다 헤일 듯합니다.

　　… …

　　별 하나에 추억과
　　별 하나에 사랑과

---

8) Σ2. "플라톤에서 헤라클레이토스로―박제화된 말들에서 세상의 파도 속으로" 『야생의 진리』 고양, 경기: 사월의책, 2021. 참고.

별 하나에 쓸쓸함과
별 하나에 동경과
별 하나에 시와
별 하나에 어머니, 어머니,

어머님, 나는 별 하나에 아름다운 말 한 마디씩 불러 봅니다. 소학교 때 책상을 같이 했던 아이들의 이름과, 패, 경, 옥 이런 이국 소녀들의 이름과 벌써 애기 어머니 된 계집애들의 이름과, 가난한 이웃 사람들의 이름과, 비둘기, 강아지, 토끼, 노새, 노루, 프랑시스 잠, 라이너 마리아 릴케 이런 시인의 이름을 불러 봅니다.

이네들은 너무나 멀리 있습니다.
별이 아스라히 멀듯이,
어머님,
그리고 당신은 멀리 북간도에 계십니다.

나는 무엇인지 그리워
이 많은 별빛이 내린 언덕 위에
내 이름자를 써 보고,
흙으로 덮어 버리었습니다.
딴은 밤을 새워 우는 벌레는
부끄러운 이름을 슬퍼하는 까닭입니다.
 … … 9)

윤동주의 「별 헤는 밤」에서는 티 없이 여린 한 소년의 속마음을 마주하

---

9) 윤동주, 『하늘과 바람과 별과 시: 윤동주 시집』 서울: 화수분출판사, 2016.

는 듯하다. 그의 시에서는 어른들이 구사하는 추상화 박제된 개념 수준의 언어를 보기 어렵다. 특히 「별 헤는 밤」에서는 흘러가는 장면마다 추억처럼 떠오르는 생생한 그림을 보는 듯하다.

'계절이 지나가는 하늘' '가을 속의 별들' '별 하나에 추억과' '소학교 때 책상을 같이 했던 아이들' '별이 아스라이 멀 듯이, 어머님, 당신은 멀리 북간도에 계십니다.' '별빛이 내린 언덕 위에' '밤을 새워 우는 벌레는 부끄러운 이름을 슬퍼하는 까닭입니다.'

그때 대학을 졸업하는 25세의 청년 시인 윤동주는 시를 가지고 그림을 그리고 있는 듯하다. 그래서 그의 시는 읽히는 게 아니라 추억의 장면마다 떠오르는 그림을 감상하게 하는 것이다. 시인 윤동주는 말을 가지고 시를 쓰지 않았고 그의 깊은 가슴에 품은 그리움과 한(恨)을 그림으로써 시를 읊었다. 그는 분명히 시인 가운데서도 특히 '그림을 떠올리며 찾아가는 이'(visualizer)이지 결코 '말을 가지고 따지는 이'(verbalizer)가 아니었다.[10]

그는 추억의 장면마다 쉼 없이 떠나는 시간의 흐름에 더하여 밤하늘을 사이에 두고 아스라이 멀어져 가는 거리를 메울 수 없는 그리움으로 깊이 새기고 있다. 그래서 가을 밤하늘에 반짝이는 무수한 별들 하나하나에, 닿을 수 없게 멀리 떠오르는 추억들을 전하며 그들을 향해 한없이 달려가는 그리운 마음을 달래고 있다. (230415)

---

10) "낱말과 개념, 범주와 규칙을 가지고 추론하는 이른바 'verbalizer'(말을 가지고 생각하는 이)의 세계와는 다른, 낱말과 개념, 범주와 규칙 같은 칸막이를 거둬버릴 때 드러나는 이른바 'visualizer'(그림을 떠올리며 찾아가는 이)의 세계가 전혀 딴판으로 펼쳐지게 되는 것이다."(65쪽) 『야생의 진리』 고양, 경기: 사월의책, 2021.

3.

고향의 봄 / 이원수

나의 살던 고향은 꽃피는 산골
복숭아꽃 살구꽃 아기 진달래
울긋불긋 꽃대궐 차리인 동네
그 속에서 놀던 때가 그립습니다

꽃동네 새동네 나의 옛고향
파란 들 남쪽에서 바람이 불면
냇가에 수양버들 춤추는 동네
그 속에서 놀던 때가 그립습니다[11]

시인의 추억에 떠오르는 고향은 여전히 울긋불긋 꽃피고 냇가에 수양
버들 춤추는 산골 마을이다. 그때의 시간과 공간은 이미 먼 길을 떠나
그 흔적만을 남겼을 텐데, 시인의 마음 가운데서는 그때 꽃피고 수양버
들 춤추던 산골 동네가 그림처럼 눈앞에 펼쳐지고 있다. 시간과 함께
멀어져가는 산골 마을의 추억은 언제나 그리워 달려가는 시인의 영원
한 고향이다.

시인의 마음에서 펼쳐지는 고향의 추억은 박제된 언어로는 그릴 수가
없다. 그러나 시인은 그림을 그리듯이 시를 쓴다. 시인은 '그림을 떠올
리며 찾아가는 이'에게 펼쳐지는 영상 그 이미지를 구사할 수 있다. '그

---

11) 이원수, 『고향의 봄』 서울: 파랑새, 2013.

림을 떠올리며 찾아가는 이'는, 박제된 개념과 범주 체계로는 잡을 수 없는 추억의 그림을 떠올리며 영원한 고향을 되살아나게 한다.

(230419)

4.

그러나 '말을 가지고 생각하는 이'(verbalizer)에게 궁극의 처소로서 떠오르는 고향은 어떤 모양으로 나타나는가? '선의 이데아' '일자'(to hen) '태초의 말씀'(Memra) '브라만' '도'(道) '태극'(太極)처럼 온갖 모양으로 박제된 최상위의 개념에 다름 아닌 궁극의 실재들이 끝없이 떠오른다. 왜 마지막에 돌아가야 할 고향으로서 궁극의 처소(處所)라는 것이 이처럼 각자가 소속한 지역 문화와 언어 체계에 따라 박제된 여러 가지 형상(形相)으로 나타나는가? 그래서 어떤 것도 영원의 고향이라 할 만한 궁극의 처소가 아니라는 허망의 느낌을 떨칠 수 없게 하는가?

철학자들이 찾는 궁극의 처소를 잡기 위해 만들어내는 최상위의 언어 체계 곧 그들의 박제된 개념과 범주 체계란 서로 충돌하며 혼란만 일으켜서 아무 쓸모가 없는 것 같다. 그동안 동서양의 문명권에서 인류가 겪으며 살아야 하는 인생과 자연의 바탕 되는 궁극의 처소라고 그들이 주장하는 것들이 일치된 하나의 결과에 이를 수 없는데 그 대안의 길은 어디에 있는가?

그렇다면 생명 없는 사물 이를테면 탁자 위에 놓여 있는 한낱 찻주전자조차 가지고 있을 그 자체의 주관과 감정을 묘사하고자 하는 '제4인칭'

의 서술 양식을[12) 발견한 21세기 폴란드의 올가 토카르추크는, 우리들의 제멋대로 박제된 언어 체계를 폐기하며 찾아가는 궁극의 처소로서 고향에 관한 어떤 실감 나는 그림을 보여줄 수 있을까? 토카르추크의 「다정한 서술자」가 구사하는 '제4인칭'의 세계는 어떻게 시인들의 그림 같은 이미지를 우리에게 회복시켜 줄 수 있을까? (230415)

———

인생과 자연의 살아있는 영상에 가까운 거리에서 탄생하는 그림 곧 이미지는, 임의로 추상화 박제된 기호인 언어에 의존해 살아날 수가 없다. 그래서 언어와 이미지를 다음과 같이 구별하기도 한다.

> "언어는 임의적 약속의(arbitrary, conventional) 징표에 따라 이루어지고, 이미지는 자연에 있는 보편적(natural, universal) 징표에 따라 나타난다."(p. 3)[13)

특히 과학과 철학의 영역에서 이루어지는 담론은, 어떤 그림 또는 이미지에도 호소하지 않고 극히 추상화된 기호의 수준에서 박제된 언어로서만 전개하는 게 가능하다. 그래서 20세기를 대표하는 한 분석철학자 버트런드 러셀은, 이를테면 그의 약혼녀의 얼굴 이미지조차도 떠올릴 수 없는 순전한 '말을 가지고 생각하는 이'(verbalizer)였지만, 당대의 수

---

12) 위의 Σ1. "코페르니쿠스의 혁명이 칸트를 거쳐 토카르추크에 이르는 길"에서 마디글 4. 참고.

13) W J T Mitchell, ed., *The Language of Images*. Chicago: The University of Chicago Press, 1980.

학과 물리학과 철학을 관통하는 언어 분석의 영역을 개척할 수 있었다. 그런 사례에서 더 나아가 21세기 오늘에 이르러서는 더욱 강화된 다음과 같은 보편적 경향이 일상화되고 있다.

> "하나의 문제를 해결하려고 할 때, 어떤 시각적 수단을 빌리지 않고 관련 자료만 투입하면 온전히 기계적인 방식으로 결과를 산출해 낼 수 있게 되었다. 컴퓨터는 이런 방식으로 작업을 수행한다. 이런 언어 조작에는 어떤 지각적 이미지도 필요치 않다."(p. 175)[14]

그래서 과학의 영역에서 그리고 철학의 영역에서도 그들이 유도해 내는 이론적 결과는 근거 없는 허상일 수 있다는 반성과 비판을, 20세기의 과학철학자 폴 파이어벤트가 실토한 적이 있다.

> "우리의 몸이 의탁하고 있는 [실재하는] 세계는, 우리가 제멋대로 행하는 [추상적 이론과 그의 실험 같은] 상상 활동의 한계 밖으로 넘쳐나가서 보이지 않는다. 그렇게 추상적인 상상의 한계 밖으로 쫓겨난 실재하는 전체 가운데는 나무, 꿈, 해돋이, 천둥소리, 그림자, 강, 전쟁, 사랑, 인생, 은하계 같은 것들이 있다. … [그렇게 실재하는 전체 세계를 보이지 않게 내버린] 다음에 남은 [추상적 상상의] 것들을 '실재하는' 것이라고 지정한다."(pp. 3-5)[15]

---

14) W J T Mitchell, ed., *The Language of Images*. Chicago: The University of Chicago Press, 1980.

15) Paul Feyerabend, *Conquest of abundance: A tale of abstraction versus the richness of Being*, ed. Bert Terpstra. Chicago: The University of Chicago Press, 1999, 2001.

이는 자연에 관한 가장 객관적 정보를 우리에게 전해 주리라고 믿는 과학이, 실은 그들이 제멋대로 펼치는 추상적 상상의 산물이라는 고백이다. 그런 과학자들의 상상이 펼쳐지는 임의의(arbitrary) 절차를 또 한 사람의 20세기 과학철학자 칼 포퍼가 다음과 같이 정리해 주고 있다.

> "대담한 발상, 근거 없는 예상, 상상의 유희는 자연을 해석하기 위한 우리들의 유일한 수단이다. … 실험이라는 것은 [인간적 자의(恣意)를 격파 제거하려는 계획에 따라] 그 절차가 인도되고 있는 계획된 행위이다. 그 행위를 취하는 자는 우리들이다. … 자연을 향해 던지는 질문은 언제나 우리들이 만들어낸다."(p. 280)[16]

이처럼 과학에 종사하는 일급의 이론가들이 그들의 이론적 발상과 실험 과정에서, 인간 자신의 임의적(任意的) 가설(假說)을 탈출해서 자연 자체로 진입해 들어가는 것이 불가능하다는 반성을 분명히 하고 있다. 이는 다시금 인간 자신이 만들어낸 추상적 언어 특히 수학을 비롯한 정밀한 기호체계조차 자연 그 자체를 묘사하는 충실한 도구가 아니라는 결론에 이르게 하는 것이다.

그러한 반성의 과정에서 나타나는 가장 짤막한 결론을, 한 언어학자의 의문문 가운데서 짐작해 볼 수 있다.

> "[모든 언어의 기초를 이루는 개념 또는] 범주(categories)는 그 경계가 엄밀하게(strict) 그어져 있는 것인가 아니면 희미하게(fuzzy) 지워질 수

---

16) Karl Popper, *The logic of scientific discovery*, rev. ed., NY: Harper & Row, 1965.

밖에 없는 것인가?"(p. 182)[17]

말하자면 자연의 쉼 없이 움직이는 현상 가운데 어디에서, 엄밀하게 그어져 있는 경계(境界)를 찾을 수 있는가? 라고 묻고 있는 것이다. 자연에 없는 금을 긋고 경계를 만드는 인간 언어의 허상(虛像)을 시인 정현종이 여지없이 해체하고 있었다.

"… 마치 그 말이 실상인 듯이
말할 수밖에 없다는 게 본질적인 약점입니다.

… 모든 말의 그러한 치명적인
한계 때문에 우리와
우리 삶의 허상이
차곡차곡 꾸준히
불어나 온 것이겠지요만."[18]

오늘에 이르기까지 발달한 인간의 지식이란 그것이 과학의 영역이든 철학의 영역이든 그 출발점에서부터 사용하는 언어 이를테면 각 분야의 기초개념이나 범주가, 자연 또는 실재에 진입해 거기에 바탕을 두는 것이 아니고 인간 자신의 추상적 나아가 임의적 기호 표기에 따르는 것이었음이 분명해진다.

---

17) "Are categories strictly bounded, or do they perhaps have fuzzy boundaries?"(p. 182) Bas Aarts, "Conceptions of categorization in the history of linguistics," *Language Science* 28 (2006) 361-385.

18) 정현종, 『그림자에 불타다』 서울: 문학과지성사, 2015.

여기서 16세기 코페르니쿠스 혁명에서 시작한 인간 본위의 세계관 탈출이 아직도 완료되기를 기다리는 21세기에 인류가 놓여 있음을 깨닫는다. (230420)

5.

인생과 자연의 바탕에서 움직인다고 철학자들이 말해온 궁극의 실재, 이를테면 '일자'(to hen) '브라만' '태초의 말씀'(Memra) '태극'(太極)은 왜 그것을 말하는 자의 지역과 문화에 따라 다른 모양으로 나타나는가? 인생과 자연의 바탕에서 움직이는 궁극의 진리가, 그들이 소속한 지역과 문화에 따라 백 갈래로 다르게 나타난다면, 그것들은 다만 그들이 소속한 지역과 문화를 대변하는 각기 자기 본위의 인간적 창작물에 지나지 않게 되는 것이다.

그렇다면 인간이 제각각 소속하는 지역과 문화를 탈출해서 참여하는 코페르니쿠스의 여정에서 만나는 궁극의 실재는 어떤 모양일까? 코페르니쿠스의 혁명에서 시작한 인간 소속의 지역과 문화 탈출의 여정이 칸트를 거치고 다시 사르트르를 거쳐 시인에 이르는 여정은 궁극의 실재에 관한 어떤 그림을 떠오르게 하는가?

사르트르는 자연과 사물들이, 인간이 만들어낸 언어와 그 언어로 지어낸 법칙과 질서를 어떻게 거부하며 그 자체의 생생한 모습을 드러내는지 다음과 같이 묘사하고 있었다.

"나는 중얼댄다. 이것은 의자야. ⋯ 그러나 말이 내 입에 남아 있어 물건 위에까지 가서 자리 잡기를 거부한다. ⋯ 그것은 의자가 아니다. ⋯ 사물들은 명명된 그들의 이름으로부터 해방되었다."(231쪽)

"나는 공원에 있었다. 마로니에의 뿌리는 바로 내가 앉은 의자 밑에서 땅에 뿌리를 박고 있다. 그것이 뿌리라는 것을 나는 이미 기억하지 못했었다. 어휘는 사라지고, 그것과 함께 사물의 의미며, 그것들의 사용법이며, 또 그 사물들 표면에 사람이 그려 놓은 가냘픈 기호도 사라졌다. ⋯ 존재가 갑자기 탈을 벗은 것이다. 그것은 추상적 범주에 속하는 해롭지 않은 자기의 모습을 잃었다. ⋯ 또는 차라리 뿌리며, 공원의 울타리며, 의자며, 풀밭의 듬성듬성한 잔디며, 모든 것들이 사라졌다. 사물의 다양성, 그것들의 개성은 하나의 외관, 하나의 껍데기에 불과했다. 그 껍데기가 녹은 것이다. 괴상하고 연한 무질서한 덩어리―헐벗은, 무시무시하고 추잡한 나체 덩어리만이 남아 있었다."(234-235쪽)[19]

코페르니쿠스가 이끄는 길고 굴곡진 여정에 사르트르가 끼어들면서 인간 중심의 세계관은 여지없이 허물어진다. 그렇다면 이제 그다음에 등장하는 시인은 인간 중심의 세계 탈출 여정을 무엇에 의지해서 어디를 향해가고 있는가?

왜 코페르니쿠스에서 시작하는 인간 소속의 지역과 문화 탈출 과정을, 영원의 한 조각 분신으로서 시인에게 깊이 새겨져 있는 '태초의 기억' '태초의 흔적'을 따라 거슬러 올라가는 길고 먼 여정이라고 이해하는

---

19) 장 폴 사르트르, 『구토』 강명희 옮김. 서울: 하서출판사, 2009.

가? 시인 윤동주는 밤하늘의 별들을 바라보며 아스라이 떠오르는 먼 시간의 추억을 이렇게 그리며 따라가고 있었다.

"계절이 지나가는 하늘에는
가을로 가득 차 있습니다.
 …
별 하나에 추억과
별 하나에 사랑과
별 하나에 쓸쓸함과
별 하나에 동경과
별 하나에 시와
별 하나에 어머니, 어머니,

어머님, 나는 별 하나에 아름다운 말 한 마디씩 불러 봅니다. 소학교 때 책상을 같이 했던 아이들의 이름과, 패, 경, 옥 이런 이국 소녀들의 이름과 벌써 애기 어머니 된 계집애들의 이름과, 가난한 이웃 사람들의 이름과, 비둘기, 강아지, 토끼, 노새, 노루, 프랑시스 잠, 라이너 마리아 릴케 이런 시인의 이름을 불러 봅니다.

이네들은 너무나 멀리 있습니다.
별이 아스라히 멀듯이,
어머님,
그리고 당신은 멀리 북간도에 계십니다.

… "20)

---

20) 윤동주, 『하늘과 바람과 별과 시: 윤동주 시집』 서울: 화수분출판사, 2016.

땅 위에 존재하는 모든 것이 길고 먼 시간의 여로(旅路)를 향해 떠나며 남기는 흔적과 상흔에서 시인들은 무엇을 발견하는가? 제각각 영원의 한 조각 분신인 땅 위의 모든 것이 떠나며 남기는 흔적과 상흔에서 끝없이 일어나는 태초의 기억을 추적해 따라가는 여로의 마지막에 떠오르는 태초의 그림은 어떤 모양을 짓고 있는가?

"윤동주의 '고향'과 시적 도정"이라는 깊이 삭이는 해석에서 평론가 이단비는, 시인이 별들이 가득한 가을밤에 닿을 수 없이 먼 고향을 바라보며 떠오르는 추억들을 따라 다가갈 때 열리는 더 높은 그래서 '경계 없는' 하늘로의 여정을 다음과 같이 펼쳐 보여주고 있다.

> "이렇듯 윤동주는 용정과 평양을 오가며 쓴 시에서 남쪽/북쪽으로 분리된 '하늘' 그리고 정처 없는 그리움을 통해 영토/국적의 불일치 속에서 번민하는 주체의 소외감을 표출하고 있다. … 그러나 '하늘'은 동시에 경계 없는 세계에 대한 욕구를 방증한다. …
>
> 이는 '남쪽 하늘' '북쪽 하늘'과 같이 이주민/피식민자의 이중적 분열을 그대로 투영한 하늘과는 다른 하늘, 더 높은 경지를 의미한다. 이처럼 윤동주는 모호하게 경계 지어진 땅에서, … 더 높은 '상승'에 대한 열망을 품었던 것이다. 그리고 이 '하늘' 이미지로부터 태동한 상승에의 열망은 훗날 하늘을 우러르고 별을 노래하는 윤동주의 시심(詩心)으로 이어진다."(128-129쪽)[21]

시인 윤동주가 별 하나하나에 거는 추억들을 따라 하늘을 우러러 바라

---

21) 이단비, "윤동주의 '고향'과 시적 도정," 『한국학 연구』 제57집. 2020.

보며 다가가는 더 높은 그래서 '경계 없는' 하늘에서 만나는 그림 그 이미지는 어떤 모양일까?

세상에 몸을 드러낸 모든 것이 제각각의 흔적과 상흔을 남기며 떠나가는 먼 여로(旅路)를 시인이 따라갈 때 그는 인간의 언어를 망각하고 '그림을 떠올리며 찾아가는 이'가 된다. 흔적과 상흔을 추적하며 따라가는 먼 여로에서 아스라이 떠오르는 기억의 공간은 실로 인간 언어가 결국에 사라져 들어가는 무덤과 같은 곳이다. 김상환 교수는 인간의 언어가 사라져 들어갈 수밖에 없는 안개 짙은 그곳을 '해석의 무덤'으로 이름 짓는 결론을 x의 존재론을 풀이하는 다음의 문맥에서 끌어내고 있다.

> "인간적인 것 바깥에 무한하게 펼쳐지는 비인간적인 잉여지대를 완전히 수렴 포용할 수 있는 어떤 존재론적 틀도 신학적 틀도 있을 수 없다는 것은, 문명 이후 오늘에 이르기까지 그것을 '도'(道)와 '로고스'(λόγος)라는 보편적 개념 틀에 의해 모색했던 전통의 철학자들이 반면 교사로서 증언해 주고 있다."(187-188쪽)[22]

이처럼 인간적인 것 바깥에서 펼쳐지는 무한의 영역을 포섭하고 전달할 수 있는 어떤 인간 언어도 있을 수 없다면, 저 인간적인 것 바깥의 영역에 관한 어떤 인간적 설명도 결국에 모두 '무의미의 원천' 곧 '해석의 무덤'으로 돌아갈 수밖에 없다는 인식론적 해명을 김 교수가 끌어낸다.

---

22) 『진리의 패권은 사람에게 있는 것이 아니다』 고양, 경기: 사월의책, 2019.

"개체는 '한 조각 기억체계 x'이다. x는 '태초의 경계 X'가 토해냈다가 언젠가 다시 삼키는 파편이다. … X는 인간적인 것을 포함해서 세상에 출현하는 모든 것 x를 삼키는 심연 곧 탈-근거이다. … X는 x에 대하여 의미의 원천이라기보다는 무의미의 원천이고, 해석의 지평이라기보다는 해석의 무덤이기 때문이다."(49-53쪽)[23]

그렇다면 인간의 추상적 임의적일 수밖에 없는 언어를 매체로 해서는 인생과 자연에 관한 어떤 궁극의 실재, 궁극의 처소에도 다가갈 수 없다는 게 분명해진다. 궁극의 실재, 궁극의 처소는 언어 조작을 비롯한 모든 해석의 무덤, 모든 해석의 쉼터이기 때문이다.

이제 철학자는 그가 구사하는 언어가 어떤 궁극의 실재 탐구에도 쓰임을 감당할 수 없게 된 다음, 오직 시인과 함께, 희미하게 멀어져가는 '태초의 기억'을 따라 떠오르는 저 너머 '태고의 고향'을 찾아 나서는 코페르니쿠스의 여정에 동행해야 한다. (230422)

6.

실로 영원의 한 조각 분신으로서 세상에 몸을 드러낸 모든 것 x에게 '태초의 기억' X가 깃들어 있다.

"영원은 현재에 대하여 어떤 관계에 있는가? 영원은 쉼 없이 흐르는

---

23) 김상환, "박동환의 'x의 존재론'과 개체성," 『x의 존재론을 되묻다』 고양, 경기: 사월의책, 2021.

시간 저편에 현재와 떨어져서 머물러 있는 어떤 불변의 것이 아니다. 영원은 저편에 머물러 있지 않고, 항상 현재 안에 들어와 다시금 새로운 현재를 만들어 가고 있다.

개체 생명의 쉼 없는 탄생과 그 각각의 생존 양식 자체가 끝없는 과거 태초의 기억의 쉼 없는 재현 현상이다. 끝없는 과거 곧 영원에서 언제나 다시금 분출하는 멈출 수 없는 현재, 영원의 기억과 그로 말미암은 상상으로 펼쳐지는 현재, 그렇게 끊임없는 영원의 재연(再演)으로 모든 것들의 역사가 이루어진다."(202쪽)[24]

세상의 모든 것은 태초의 기억 곧 영원의 기억을 공유하는 한 조각 한 조각의 분신이다. 그러므로 인간이 자신을 만물 가운데 영장이라고 자처하는 것은 지나친 오만일 수 있다. 세상에 몸을 드러낸 모든 것은, 제각기 영원의 한 조각 분신으로서 오래전부터 서로 몸을 의지하며 함께 살아가는 같은 처지에 있기 때문이다.

그래서 다시 돌이켜 보면 올가 토카르추크의 '제4인칭 관점'에는 깊은 뜻이 담겨 있다. '제4인칭의 관점'은 탁자 위에 놓여 있는 한낱 찻주전자일지라도 그는 자신의 주관과 감정을 지닌 존재로 자처하고 있다고 토카르추크는 이해하고 있다.

---

24) "그렇게 '현재하는' 모든 것은 영원의 한 조각 분신 곧 그의 아바타와 같은 것이다. 영원은 현재 안에 들어와 쉼 없이 새로운 현재를 영원의 한 조각 분신으로서 재연한다. 영원은 현재에 내재하며 현재를 초월하는, 그래서 현재와 일치하며 다시 불일치하는 긴장 관계로써 움직인다."(202쪽) 『x의 존재론』 고양, 경기: 사월의책, 2017.

그렇다면 세상에 몸을 드러낸 하나하나의 존재가 모두 영원의 한 조각 분신으로서 그 각각의 깊은 곳에 지니고 있을 주관과 감정을, 인간이 문명 이후에 만들어낸 추상적 임의적 언어 체계를 가지고 파악하는 것이 불가능한 것이다. 그러면 영원의 한 조각 분신이 그 몸에 지닌 태초의 기억을 거슬러 따라갈 때 희미하게 떠오르는 저 너머 고향은 어떤 모양으로 그려질까?

그 태초의 기억 가운데서 떠오르는 그러나 닿을 수 없는 저 너머의 고향을 x 나아가 X로 대신할 수밖에 없다. 이제 x 나아가 X는 그 자신이 인간의 언어이기를 거부할 것이다. (230423)

7.

x 나아가 X는 왜 인간의 언어이기를 거부할까? 영원의 한 조각 분신 각각에 깃들어 있을 태초의 기억에 떠오르는 이미지 x 나아가 X는 왜 인간의 언어이기를 거부하는가?

> "땅 위에 깃들어 사는 모든 것은 그가 참여하고 있는 영원한 시나리오의 부름을 받고 태어난 영원의 한 조각 분신이다."(441쪽)[25]

> "세상에 몸을 드러내 있는 것은 제각기 영원의 분리할 수 없는 부분이므로, 그 경계를 일회적으로 결정할 수도 없고 그 마지막 모양과 정체

---

25) 따온글의 일부를 맥락에 맞추어 고쳐 썼음. 『x의 존재론』 고양, 경기: 사월의책, 2017.

도 예정하거나 정의할 수 없는 x이다.

특히 한국 사람들은 일상의 담화에서 주어 때로는 목적어를 생략하는데, 이는 그들이 가리키고 있는 그것 x가 미래에 어떤 관계 속에서 어떤 모양으로 자신을 드러낼지 판단하기를 미루기 때문이다."(338-339쪽)[26]

인간 언어가 벗어날 수 없는 허상의 틀을 그렇게 한계 짓는 것은, 결국에 인간이 제각기 소속하는 특수 지역과 문화라는 것이다. 그런데 그 특수 지역과 문화를 탈출해서 찾아 들어가는 태초의 기억에 떠오르는 그것은 인간의 언어이기를 거부하는 x 나아가 X 곧 '해석의 무덤' 또는 '해석의 쉼터'에 소속하는 것이다. 이는 길고 굽이진 코페르니쿠스의 여정에 시인이 함께할 때 그림으로 떠오르는 이미지에 해당하는 태초의 고향이다.

시인이 길잡이로 들어선 다음 코페르니쿠스의 인간 중심 탈출 여정에서 새로이 발견하는 것은 무엇인가? 인간 중심 탈출의 여정 앞에는, 있다가 없어지고 보이다가 안 보이는 모든 것이 쉼 없이 떠나가는 먼 여정에 이어서 펼쳐지는 연장선이 떠오른다. 거기에는 '일자' '태초의 말씀' '브라만' '태극' 같은 인간 언어에 의해 박제된 궁극의 아무것도 없다.

그 자리엔 시인과 함께 떠나온 옛날 고향을 향한 그리움으로 펼쳐지는

---

26) 『x의 존재론』 고양, 경기: 사월의책, 2017.

먼 연장선이 떠오른다. 그리고 저 멀리 펼쳐지는 연장선 위에는 땅 위의 모든 것이 함께 달려가는 '태고의 고향'이 아스라이 짙은 안개를 벗어나며 떠오른다. (230423)

8.

코페르니쿠스가 시작한 긴 여정은 시인들에게 전해져서 그들이 함께 한 다음에는, 인간이 소속하는 땅 위의 지역과 문화는 결국에 모두가 잠깐 쉬었다가 떠나가는 징검다리에 지나지 않게 된다.

코페르니쿠스의 혁명을 이어받아 인간 중심의 세계관 혁명을 할 것처럼 선언했던 칸트는 그러나 엉뚱하게 딴판의 생각을 펼치고 있었다. 칸트가 그의 『순수이성비판』에서 가설한 인간의 선험적 감성과 범주 체계는, 세계에 존재하는 자연과 사물 자체에 관여하는 것이 전혀 아니다. 칸트는 자연과 사물 자체 곧 '물 자체'(Ding an sich)가 영원의 시나리오를 따라 움직이는 실재로서 현실 세계에 어떻게 관여하고 있는지에 전적으로 무관심했다.

그런데 역사에는 뜻밖의 인물이 나타나 뜻밖의 역할을 하는 때가 있다. 사르트르는 청년 시절의 작품 『구토』에 기록한 그의 체험 가운데서 제멋대로 움직이는 자연과 사물들이, 인간이 만들어낸 법칙과 그것을 설명하는 인간의 언어를 모두 거부하는 괴이한 사태가 벌어졌다. 그곳에서는 인간의 언어와 그 언어로 만들어낸 자연의 법칙과 사물들의 질서를 완전히 폐기하며, 자연과 사물들 자체가 모두 무엇인지 알 수 없게 벌거벗은 괴물로 변신하는 반란이 일어난다. 그렇게 우리는 그동안 우리가 만들어낸 모든 법칙과 언어 체계가 더 이상 세계를 이해하고 관리하는 유효한 매체가 아니라는 깨달음에 이른다.

토카르추크는 사르트르에 못지않게 그의 「다정한 서술자」로 불리는 제4인칭 관점에 따라 세상에 존재하는 모든 것이 제각기 그 자신의 주관과 감정을 발휘하는 새로운 세계를 개척하고 있다. 제4인칭 관점에서는 인간이 중심이 되는 제1인칭 언어에 의한 세계 질서는 폐기된다. 토카르추크는 이렇게 시인들과 함께 인간 중심의 세계관 탈출 여정에 참여한다.

코페르니쿠스가 시작한 탈출 여정에 참여하는 시인들은 비로소 인간 중심의 세계 질서 밖으로 떠오르는 그림 같은 이미지의 질서를 펼쳐 보여주게 된다. 시인들은 모든 것이 있다가 없어지고 보이다가 안 보이는 쉼 없는 이별이 남기는 흔적과 상흔의 기억을 따라가는 긴 여정에서 오래전에 떠나온 '태고의 고향'을 떠올린다. 그렇게 코페르니쿠스가 앞서가는 긴 여정에 시인들이 함께해서 우리가 오래전에 떠나온 태고의 고향을 떠올리며 달려가는 귀향길을 열어준다. (230429)

———

왜 태고의 고향으로 다가갈 때 떠오르는 이미지 X가 인간의 언어를 거부할 수밖에 없는지 코페르니쿠스가 일찍이 암시해주었다. 칸트는 그가 스스로 선택한 코페르니쿠스의 혁명에도 불구하고 인간의 언어 체계 밖에서 움직이는 궁극의 그것 X를 만나기를 두려워했다. 사르트르는 젊은 시절 한때 그것 *X*의 충격에 맞닥뜨리는 용기를 발휘할 수 있었다. 그러나 그는 그가 집착하는 인간 중심의 상상에 빠져들어 갔다. 그 다음 시대에 태어난 토카르추크가 인간 중심에서 해방된 제4인칭의 세계가 있음을 보여준다.

그리고 길고 굽이진 우여곡절 끝에 우리의 시인들이 코페르니쿠스가 시작한 탈출 여정 곧 인간 중심의 세계 밖으로 나가는 '자아 탈출, 자아 해탈하는' 제3 지대를 향한 여정에 참여할 수 있게 된다. 그렇게 우리는 땅 위에서 피어오르는 연기와 함께 모든 것이 떠나며 남기는 흔적과 추억의 연장선을 타고 태고의 고향을 찾아가는 여정에 들어설 수 있게 된 것이다. (230501)

Σ4.
시인이 이끄는 '자아 탈출, 자아 해탈[1]'의 여정

1.

땅 위의 모든 것이 연기처럼 날아가며 남기는 흔적과 상흔에서 피어오르는 기억은 어떻게 태고의 고향을 찾아갈 수 있게 하는가?

땅 위에 몸을 드러내 있는 모든 생명은 제각각의 기억을 가지고 태어난 영원의 한 조각 분신이다. 그 한 조각의 분신 깊은 곳에는 거슬러 올라가 확인할 수 없을 만큼 먼 과거로부터 유전 받은 제각각의 고유한 기억을 저장하고 있다. 이는 현대 유전이론가들의 생화학적 분석과 고생물학자들의 발굴 현장[2]에서 확인 설명해주는 사실이다.

풀이말

1) '자아 해탈'에서 '해탈'은 "얽매임에서 벗어남"을 뜻함. 『표준국어사전』 참고.

2) "고고학자들의 일터를 지나 더 내려가면 고생태학자(paleoecologist)들이 캐어내는 수억 년의 흔적, 그 무수한 생명의 흔적들을 만난다. 그 생명의 흔적들은, 모두 사라져 어디로 갔는지 추적할 수 없는 태고의 기억을 간직한 암호일 뿐이다." 아래의 마디글 2. 참고.

'몇 천 년에 지나지 않는 인류 문명의 역사는, 모든 생명이 지구에서 함께 공유하는 유전 성분들이 수십억 그리고 다시 수십만 년을 통과해 흐르는 사이에 겪은 이력(履歷)의 일시적 재연(再演) 현상이다. 인류가 거쳐 온 시간과 삶 전체가 우주와 자연이 수십억 년, 실은 영원의 기억을 따라 일구어 온 흐름에서 벗어날 수 없는 한 부분이다.

영원은 현재의 삶에 어떻게 관여하는가? 모든 생명 각각에 고유하게 주어지는 영원의 기억과 그로 비롯하는 상상은 곧 각각의 개체에 갖추어진 내재성(內在性)에 다름 아닌 것이다. 그 내재성은 각각의 생명으로 하여 그 처음과 끝을 확인할 수 없도록 영원의 어둠, 무지, 미지 가운데로 빠져서 무궁한 상상과 불확실한 예감에 잡혀 살게 하는 것이다.'[3]

분자생물학자 프랑수아 자코브는, 그렇게 생명에 주어진 내재성 곧 유전 프로그램이 특히 고등 생명으로 하여 무한한 불확실성으로 열려 있는 미래를 향한 유연한 적응 가능성으로서 자유를 갖게 한다고 다음과 같이 말한다.

> "[유전] 프로그램 가운데서 '열려 있는 부분'이 맡은 점점 중요해지는 역할은 그것이 진화의 방향을 가리키는 것이다. 자극에 대한 반응의 역량이 커질수록, 그 반응의 선택에서 유기체가 갖는 자유의 정도도 [어느 한계 안에서] 증가한다."(p. 317)[4]

---

3) 『x의 존재론』 고양, 경기: 사월의책, 2017.의 92쪽, 102쪽, 202쪽. 참고.

4) François Jacob, *The logic of life: a history of heredity*, trans. Betty E. Spillmann, Princeton: Princeton University Press, 1973.

모든 생명에 갖추어져 있는 타고난 영원의 기억 그것이 각각의 생명에서 무궁한 상상과 불확실한 예감을 불러일으키며 미래를 펼쳐 간다. 여기에 시인이 그의 타고난 영원의 기억을 떠올리며 가장 앞서가는 탐구자가 된다. 윤동주, 정현종, 한강, 유미희, 김수영, 이원수 시인이 각각에 유일 고유한 모양으로 저장된 영원의 기억과 무궁한 상상을 가지고 '태고의 고향'을 떠올리며 긴 여정을 따라가는 탐구자가 된다. (230512)

2.

왜 오늘의 세대에게 사고보다는 감각의 문화가 발달하고 있는가? 지난 수천 년 문명의 전통 가운데서 으뜸의 자리를 지키던 사색과 사고의 문화가 스러져가는 징조인가? 사색과 사고의 문화는 지루하고 번거롭기 때문인가?

사색과 사고는 가능할 때까지 자기중심을 지키며 거기에 안주할 수 있는 자의 매체이다. 사색과 사고는 가능할 때까지 한 주체 또는 주관을 지킬 수 있는 자의 자기중심 행위이다.

그러나 아트 컨설턴트(art consultant) 이섭은, 사색 사고하는 이성에 못지않게 시각 촉각 같은 감각의 중요성에 관해 이렇게 말한다.

> "모든 인간의 감각은 모든 인간의 이성만큼 존중돼야 한다. 아니 감각은 이성이 할 수 없는 미지의 역할을 삶 안에서 굳건히 떠맡고 있기에 우리는 그것을 더욱 신뢰해야만 한다. …

길을 찾아 최종 목적지에 이르는 유용한 도구가 지도인 셈이다. 그런데 이 유용함에는 인간의 감각을 대단히 중요하게 여기는 인식이 담겨 있다. 그것은 바로 보는 행위, 눈으로 본다는 그 감각을 신뢰하는 것이다. 이것이 지금 우리가 사용하는, 아니 전 지구적으로 지도라는 기능이 갖는 핵심 내용이다. …

길을 찾으려는 사람은 모두 어딘가를 향해 가는 사람이다. 목적지 없이 길을 찾는 사람은 없다."[5]

그래서 시각을 잃어 앞이 보이지 않는 이에게는 다시금 대안의 길잡이로서 시각 아닌 다른 감각이 필수의 동반자가 된다. 앞을 볼 수 없는 이는 역시 (자기중심의 이성이 휘두르는 사색과 사고를 뒤로 하고) 대안의 감각 이를테면 촉각이나 청각을 길잡이로 해서 자신이 가야 할 길을 찾을 수밖에 없다.

그러니까 감각은 시인에게만 아니고 모든 사람에게 각기의 목표를 향해 갈 때 (사색 사고하는 이성에 못지않게) 필수의 길잡이가 된다.

그러나 감각에는 (사색 사고하는 이성에서와는 달리) 그것을 거느리는 주체도 주인도 없다. 감각은 주체도 주인도 없는 '자기 초월의 길' 곧 '자아 탈출, 자아 해탈'의 길을 찾아서 떠난다. 감각은 어떤 주체나 주인에게 복종하거나 안주할 수만 없기에 오히려 '자아 탈출, 자아 해탈'을 함으로써 자기 초월의 길을 떠나는 대안의 길잡이가 된다.

---

5) 이섭, "감각에 대한 존중은 새로운 시대를 연다." 더퍼블릭뉴스 2023.02.20. http://www.thepublicnews.co.kr

어떤 주체도 주인도 따르지 않는 연기처럼 감각이 이끄는 '자아 탈출, 자아 해탈'이라는 자기 초월의 길 곧 참 객관화의 길에서, 시인은 과학자 철학자를 뒤로하며 앞서간다. 감각은 땅 위의 모든 것이 제각각 자신의 흔적과 상흔을 남기며 '자아 탈출, 자아 해탈'을 해서 떠나는 모두의 귀향길을 안내한다.

이처럼 지구 중심, 자기중심의 세계관 탈출을 예시한 코페르니쿠스의 혁명에 가장 충실한 수행자로서 감각은 시인이 참여하는 길을 안내하게 된다. 땅 위의 어떤 것에도 종사하기를 거부하는 연기처럼, 감각은 시인이 떠나는 '자아 탈출, 자아 해탈'의 긴 여정에 함께 하는 길잡이가 된다.

———

'고고학자들의 일터를 지나 더 내려가면 고생태학자(paleoecologist)들이 캐어내는 수억 년의 흔적, 그 무수한 생명의 흔적들을 만난다. 그 생명의 흔적들은, 모두 사라져 어디로 갔는지 추적할 수 없는 '태고의 기억'을 간직한 암호일 뿐이다.

모든 생명이 집착하는 '자신의 있음'이 스치며 사라져 갈 미래의 여로(旅路)를 그려주는 가장 생생한 모델은, 저 '태고의 기억'을 품은 생명의 흔적들에서 쉼 없이 떠오르는 감각 그 흔적의 감각들이 떠나가는 길이다. 쉼 없이 떠나가는 저 흔적의 감각들을 따라 억 년의 기억을 더듬으며 생명의 끝없는 고향길이 떠오른다.

감각은 언제나 이런저런 유일한 사건과 사례에서 일어난다. 감각은 순간의 어떤 인상 이미지를 남기며 어디론가 사라져 간다. 감각은 '현재'라는 잠시의 쉼터에 머물다가 떠나간다. 감각은 인간의 사색과 사고가 안락하게 자리 잡으려는 '현재'를 매 순간 흔들며 그의 먼 길을 떠난다.

감각은 개념으로 요약되거나 일반화되기를 기다리지 않으며 결코 인간 이성이 펼치는 사색이나 사고에 복종하는 것이 아니다. 감각은 어떤 보편의 개념으로 집합하기를 거부하며 하나하나의 사건 또는 사례의 유일함을 결정하며 사라진다. 감각은 기존의 중심을 탈출하는 끝없는 길을 따라 떠난다. 감각은 '현재'에 머물러 있는 것들의 피할 수 없는 미래의 여정(旅程)을 가리키는 길잡이이다. 잠시 머물다가 떠나갈 뜨거움과 차가움, 즐거움과 아픔의 감각이 살아있는 것들에게 부름의 메시지를 남기며 쉼 없이 떠난다.'[6]

어떤 중심에도 복종하거나 안주할 수 없었던 시인 윤동주가 어떻게 자아 탈출, 자아 해탈하는 길을 가게 됐는지 문학 평론가 이단비는 다음과 같이 풀이했다.

> "이는 '남쪽 하늘' '북쪽 하늘'과 같이 이주민/피식민자의 이중적 분열을 그대로 투영한 하늘과는 다른 하늘, 더 높은 경지를 의미한다. 이처럼 윤동주는 모호하게 경계 지어진 땅에서, … 더 높은 '상승'에 대한 열망을 품었던 것이다. 그리고 이 '하늘' 이미지로부터 태동한 상승에의 열망은 훗날 하늘을 우러르고 별을 노래하는 윤동주의 시심(詩心)으로 이어진다."(128-129쪽)[7]

---

6) 『안티호모에렉투스』(2001년 초판) 고양, 경기: 사월의책, 2017의 52쪽. 59쪽. 참고.

그렇게 서로 만날 수 없게 멀리 떨어져 있는 땅 위의 '남쪽 하늘' '북쪽 하늘'이 해후하기를 바라며 더 높은 하늘을 향하는 윤동주의 시는 다음과 같이 흐른다.

별 헤는 밤 / 윤동주

… …
별 하나에 추억과
별 하나에 사랑과
별 하나에 쓸쓸함과
별 하나에 동경과
별 하나에 시와
별 하나에 어머니, 어머니,

어머님, 나는 별 하나에 아름다운 말 한 마디씩 불러 봅니다. 소학교 때 책상을 같이 했던 아이들의 이름과, 패, 경, 옥 이런 이국 소녀들의 이름과 벌써 애기 어머니 된 계집애들의 이름과, 가난한 이웃 사람들의 이름과, 비둘기, 강아지, 토끼, 노새, 노루, 프랑시스 잠, 라이너 마리아 릴케 이런 시인의 이름을 불러 봅니다.

이네들은 너무나 멀리 있습니다.
별이 아스라히 멀듯이,
어머님,
그리고 당신은 멀리 북간도에 계십니다.
… … 8)

---

7) 이단비, "윤동주의 '고향'과 시적 도정," 『한국학 연구』 제57집. 2020.

그리고 열다섯 어린 나이에 이원수 시인이 쓴 「고향의 봄」에서도 두고 온 고향을 향해 달려가는 자아 탈출, 자아 해탈의 그림 같은 장면이 여실히 떠오르고 있다.

　　고향의 봄 / 이원수

　　나의 살던 고향은 꽃피는 산골
　　복숭아꽃 살구꽃 아기 진달래
　　울긋불긋 꽃대궐 차리인 동네
　　그 속에서 놀던 때가 그립습니다

　　꽃동네 새동네 나의 옛고향
　　파란 들 남쪽에서 바람이 불면
　　냇가에 수양버들 춤추는 동네
　　그 속에서 놀던 때가 그립습니다[9]

3.

'모든 생명은 우주의 닿을 수 없는 주인이 펼치는 시나리오에 초대된 잠시의 객(客)일 뿐이다. 나비도 인간도 3백 년의 나무도 45억 년의 지구도 모두 영원의 시나리오에 참여하는 각각에 정해진 '시간'의 것들이다.

코페르니쿠스의 혁명이 있은 다음 지구는 더 이상 우주의 중심이 아니

8) 윤동주, 『하늘과 바람과 별과 시: 윤동주 시집』 서울: 화수분출판사, 2016.

9) 이원수, 『고향의 봄』 서울: 파랑새, 2013.

다. 인류가 중심이 되어 이루어 놓은 듯한 수천 아니면 기껏 수만 년의 문명과 역사는, 수십억 년을 거쳐 펼쳐져 온 우주사(宇宙史)에 끼어든 한 짧은 에피소드로 기억될 날이 올 것이다. 그럼에도 철학자들 그리고 과학자들조차 세계를 인식하고 관찰할 때, 마치 그들이 인식과 판단의 주체 아니면 주인인 것처럼 자처한다.'10)

그럼에도 20세기의 과학철학자 칼 포퍼(1902-1994)는 과학의 탐구 행위가 어떻게 인간이 임시의 주체가 되는 활동인지 다음과 같이 명백하게 반성했다.

> "대담한 발상, 근거 없는 예상, 상상의 유희는 자연을 해석하기 위한 우리들의 유일한 수단이다. … 실험이라는 것은 [인간적 자의를 격파 제거하려는 계획에 따라] 그 절차가 인도되고 있는 [인간의] 계획된 행위이다. 그 행위를 취하는 자는 우리들이다. … 자연을 향해 던지는 질문은 언제나 우리들이 만들어낸다."(p. 280)11)

그렇게 가장 객관적인 세계관을 추구하고 있는 듯한 과학자들이, 실은 자연을 향한 발상과 실험에서 여전히 인간 중심의 세계관에 빠져 있다는 것이다. 칼 포퍼를 비롯한 20세기 일급의 과학철학자들에 따르면, 과학에서 이루어지는 발상과 실험은 전혀 자아 탈출, 자아 해탈 곧 참 객관화의 경계에 이르지 못한 것이 분명하다.

---

10) 『안티호모에렉투스』(2001년 초판) 고양, 경기: 사월의책, 2017. 51-60쪽 참고.

11) Karl Popper, *The logic of scientific discovery*, rev. ed., NY: Harper & Row, 1965.

그러나 20세기 한때 유행하던 실존주의라는 인간 중심의 철학을 선전하고 실천했던 장-폴 사르트르는, 그가 스스로 의도한 바는 전혀 아니지만 뜻밖에, 그의 청년 시절의 작품『구토』에서 풀어놓은 체험 일기에서 참으로 자아 탈출, 자아 해탈이라는 참 객관화가 벌어지는 사태를 적나라하게 묘사하고 있다.

"나는 공원에 있었다. 마로니에의 뿌리는 바로 내가 앉은 의자 밑에서 땅에 뿌리를 박고 있다. 그것이 뿌리라는 것을 나는 이미 기억하지 못했었다. 어휘는 사라지고, 그것과 함께 사물의 의미며, 그것들의 사용법이며, 또 그 사물들 표면에 사람이 그려 놓은 가냘픈 기호도 사라졌다. … 존재가 갑자기 탈을 벗은 것이다. 그것은 추상적 범주에 속하는 해롭지 않은 자기의 모습을 잃었다. … 또는 차라리 뿌리며, 공원의 울타리며, 의자며, 풀밭의 듬성듬성한 잔디며, 모든 것들이 사라졌다. 사물의 다양성, 그것들의 개성은 하나의 외관, 하나의 껍데기에 불과했다. 그 껍데기가 녹은 것이다. 괴상하고 연한 무질서한 덩어리—헐벗은, 무시무시하고 추잡한 나체 덩어리만이 남아 있었다."(234-235쪽)[12]

이렇게 코페르니쿠스의 혁명이 인류사의 한 주요한 과제로 등장한 다음, 인간중심의 세계관을 무색하게 무너뜨리며 '자아 탈출, 자아 해탈'이라는 참 객관화의 사례를 가장 극적으로 예시해준 이는 문학청년 장-폴 사르트르이다. 20세기 초에 나타난 한 문학청년의 이 같은 뜻밖에 상상의 실험 가운데서 '자아 탈출, 자아 해탈'의 이변을 일으킴으로써, 태고의 기억을 따라 고향을 찾아가는 시인들의 자기 초월의 긴 여정이 활짝 열리게 된 것이다. (230514)

---

12) 장 폴 사르트르,『구토』강명희 옮김. 서울: 하서출판사, 2009.

4.

대체 '자아 탈출, 자아 해탈'을 하며, 태고의 기억을 따라가는 고향길이
란 어디를 가리키는 것인가?

코페르니쿠스의 혁명이 있은 다음 미루어져 온 과제는, '어떻게 인류가
자기중심의 세계관에서 탈출할 수 있겠는가?' 이 물음에 대답하는 것
이었다. 그래서 인간이 세상에 태어나 소속하게 되는 이런저런 특수 지
역과 문화에서 제각각 습득하는 '자기중심의 독선'으로부터 해방되는
길 그것이 주어진 과제였다. 그런데 '자기중심의 독선'으로부터 해방되
면서 '자아 탈출, 자아 해탈'이 가능하도록 이끄는 데에 시인이 길잡이
로서 들어서게 된다.

시인은 땅 위의 모든 것이 제각각의 흔적과 상흔을 남기며 연기처럼 떠
나갈 때, 그리움을 안은 흔적과 상흔에 떠오르는 이미지를 따르며 함께
할 수 있다. 흔적과 상흔에 떠오르는 그리움의 감상 감각을 따르며 함
께하는 데에는, 인간 사유의 추상화에 의해 박제된 형이상(形而上)의
실재 같은 것이 쓰임을 얻기 어렵다.

이렇게 쓰임을 얻기 어려운 인간 사유의 추상화 또는 박제화의 도구
말, 말의 허상을 정현종 시인이 돌이켜 보고 있었다.

　　모든 말은요 / 정현종

　　모든 말은요

마치 그 말이 전부인 듯이
마치 그 말이 실상인 듯이
… …
모든 말의 그러한 치명적인
한계 때문에 우리와
우리 삶의 허상이
차곡차곡 꾸준히
불어나 온 것이겠지요만.[13]

그러나 시인의 감각 또는 이미지에 떠오르는 '태고의 기억' '태고의 고향'이, 인간 사유에 의해 박제된 형이상(形而上)의 실재, 이를테면 '선의 이데아' '태초의 말씀'(Memra) '태극'(太極)과 같은 유(類)일 수는 없다. 시인에게 떠오르는 '태고의 기억' '태고의 고향'은, 철학자와 신학자들이 궁극의 실재라고 제시하는 '선의 이데아' '태초의 말씀' '태극'처럼 유일(唯一) 독선(獨善)의 뜻을 품고 있지 않다.

여기서 다시 오늘의 세대를 향한 물음이 떠오른다. '왜 오늘의 세대에게 감각의 문화가 발달하고 있는가?' 감각에는 그것을 길들이거나 다스리는 주체도 주인도 없다. 감각에는 유일 독선의 주의 주장을 휘두르는 바가 없다.

오늘 한 기독교계 일간지 뉴스에는 이른바 '기독교 선진국에서' 일어나고 있는 시대의 흐름 곧 오늘의 MZ세대에 관한 다음과 같은 보고가 올라 있다.

---

13) 정현종, 『그림자에 불타다』 서울: 문학과지성사, 2015.

"영국 스코틀랜드교회는 60년 넘도록 성도가 쉼 없이 줄었다. (2023년 5월) 30일 스코틀랜드교회 총회 관리위원회에 따르면 2022년 기준 스코틀랜드교회 교인은 27만300명. 전년도(28만3600명) 대비 4.7% 감소한 수치다. 2000년(61만명)과 비교하면 절반 넘게 예배당을 떠났고, 교인이 가장 많았던 1950년대(130만명)와 견주면 감소율은 80%에 육박한다. 예배 참석자 평균 연령은 62세에 달했다. … 미국 앨라배마주 파이브마일장로교회는 교인 감소로 182년 만에 역사의 뒤안길로 사라지고 말았다. 이 교회를 담임한 샤론 아이히 목사는 현지 매체와의 인터뷰에서 '교인 대부분이 80대다. 많은 교인들이 세상을 떠났거나 요양원에서 지내고 있다. … '라고 했다."[14]

그리고 한 독립 매체 소속의 기자는, 교인들이 떠나서 비어가는 유럽 현지의 성당과 교회에는 카페와 콘서트장 같은 문화 시설이 대신 들어서고 있다고 다음과 같이 전해준다.

"지난 (2023년 6월) 23일(현지 시각) 미국 AP통신에 따르면, 유럽 전역에 퍼져있는 교회들 중 신도 수가 줄어 버려지는 성당과 교회들이 카페, 콘서트장, 클럽, 호텔과 같이 다른 용도의 건물로 재단장하고 있다. … 벨기에 메헬렌의 한 교회는 신도가 줄어들어 지난 2년간 문을 닫았다. 이 건물에는 카페와 콘서트장이 들어설 예정이다. … 이러한 현상은 독일에서부터 이탈리아에 이르는 유럽의 기독교 중심지 대부분과 그 외 많은 유럽 국가에서도 볼 수 있다."[15]

---

14) 이현성, "'오 마이 갓!'—기독교 선진국서 교회가 사라지고 있다" 『국민일보』 2023.05.30.

15) 이강우, "호텔과 나이트클럽으로 재단장한 유럽 성당과 교회들…왜?" 뉴시스 2023.06.27.

이는 이른바 MZ세대를 포함하는 21세기를 살아가는 세대에게, 어떤 철학의 주의와 종파에서 주장하는 유일 독선(唯一 獨善)의 진리가 설득력을 잃어가고 있는 현상에 관한 보고이다. 특히 감각의 문화를 익혀가는 오늘의 세대에게 어떤 유일 독선의 주의 또는 종파에 종사하기를 바라기는 어렵게 되어가고 있는 것이다.

그러나 시인이 자아 탈출, 자아 해탈을 수행하며 찾아가는 '태고의 기억' '태고의 고향'은, 인간 언어에 의해 박제되어 굳혀진 형이상(形而上)의 실재처럼 유일 독선(唯一 獨善)의 정체성을 지니는 것이 전혀 아니다. 그렇다면 수천 년을 거치며 펼쳐져 온 동서 고대 문명의 주류가 대체되어 가고 있는 새로운 시대 21세기에서 모든 철학의 주의나 종파에 지워지는 의무는 어디에 있는가? 이제 그들은 제각각 내거는 하나하나의 진리가 더 이상 유일 절대의 주장일 수 없다는 '독선(獨善) 사양(辭讓)'을 선언하는 데 있다.

이는 자기중심을 고집하는 사색과 사고의 흐름을 벗어나며, 땅 위의 모든 존재와 함께 자아 탈출, 자아 해탈이라는 대안의 길잡이를 따라가는 시인의 모범을 따르는 길이기도 하다.

이렇게 시인의 감각 또는 이미지에 떠오르는 '태고의 기억' '태고의 고향'이 품은 '독선의 사양을 이해하는 길은, 기억할 수 없는 오래전부터 인간 자아라는 주변 존재로서 온갖 시련을 거치며 깎이고 깎이는 사이에 습득한 한글 말본(文法)의 '임자말 생략' 곧 독선(獨善) 사양(辭讓)에 다름 아닌 '주체 사양'이라는 관례가 뜻하는 바를 되새겨 보는 데 있을 수 있다.

"한국말에서는 임자말이라는 것을 생략하는 판단 형식이 허용되고 있다. 말하자면 임자말 자리에 아무것도 놓지 않고 그 자리에 있다고 상정하는 그것에 어떤 '이름'이나 '정체성'을 매길지 결정할 수 없는 상태를 미지의 x로 기억하며, 그것이 보여줄 모습을 시간의 흐름 가운데서 기다리는 자세를 취하고 있는 것이다."(85쪽)[16]

임자말 곧 주어의 쓰임에 대해 이렇게 삼가며 유의하는 태도는, 고대 희랍어의 '중간태'(middle voice)가 지닌 깊은 뜻에서도 엿볼 수 있다.

"'중간태'란 무엇인가? 중간태에서 주어(subject)는 그의 술어 동사에 의해 행위를 하기도 그리고 행위를 받기도 한다. 말하자면 주어는 자신이 [주체가 되는] 행위자(agent)이면서 동시에 그 행위의 [목적격이 되는] 수용자(receiver)이기도 하다."[17]

능동태도 수동태도 아닌 '중간태'에서 주어는 행위의 주체일 수도 행위의 수용자일 수도 있다. 왜냐하면 주어가 행사하는 행위의 결과는 그 행위 배후에서 움직이는 운명의 숨은 결정권자 X에 달려 있기 때문이다.[18]

---

16) 『x의 존재론』 고양, 경기: 사월의책, 2017.

어떤 철학적 진리에 대해서도 유일 독선의 정체성을 거부하며, 자기의 생각에 대해서는 독선(獨善) 사양(辭讓)을 지지한다고 해서, 모든 개체존재 x에게 주어지는 개별적 내재성의 포기를 선언하는 것은 아니다. 오히려 제각각에 억차조별(億差兆別)로 주어진 영원의 기억 곧 각기의 내재성으로서 주어진 개체성을 지키기 위하여 모두에게 '독선 사양을 지지함이 요청되는 것이다.

17) "What is middle voice?" *The Free Dictionary* by Farlex. https://www.thefreedictionary.com/Middle-Voice.htm. 이에 대한 상세한 풀이는 아래의 Σ5. "언어가 사라진 원시의 체험"의 마디글 2. 참고

운명의 숨은 결정권자 X가 뜻하는 바를 독단적으로 대변할 수 있는 어떤 유한의 존재도 없다. 그러므로 '독선(獨善) 사양(辭讓)' '주체 사양'은 한 유한의 존재가 지켜야 하는 의무이다.

어떤 이름도 정체성도 매길 수 없도록 저 너머에서 움직이는 운명의 숨은 결정권자 X는 모든 주의(主義), 모든 종파, 모든 해석의 쉼터에 존재한다. 모든 주의(主義), 모든 종파, 모든 언어가 침묵하는 저 너머 해석의 쉼터에서 움직이는 그것 X에 관하여 생각하고 말할 때 우리는 '독선(獨善) 사양(辭讓)' '주체 사양'을 해야 한다.

> "나는 어느 한가한 여름날 삭임질을 하고 있는 황소의 이상한 얼굴을 뚫어지게 쳐다보고 있었다.
> 그러다가 어느 순간 나는 황소가 되어 있었다. 이제는 황소가 쳐다보는 나의 얼굴이 너무도 괴상하여 보아줄 수가 없을 정도였다.
> 얼마 동안 황소와 나 사이를 왔다 갔다 하면서 어느 편에서 쳐다보는 것이 공정한 것인지 결정할 수가 없었다."(20쪽)[19]

이 같은 '독선 사양' '주체 사양'의 처지에 들어가서 '자아 해탈, 자아 초월'을 수행하는 가운데 '태고의 기억' '태고의 고향'을 그림으로 떠올리는 'visualizer'로서 시인은, 코페르니쿠스가 오래전에 시작한 인간 중심의 세계관 탈출 여정을 따라서 드디어 과학자 철학자를 뒤로하며 앞서 가게 되는 것이다. (230630)

---

18) 이에 관한 역사적 발전 과정의 설명은 아래의 Σ5. "언어가 사라진 원시의 체험"의 마디글 2. 참고.

19) 『서양의 논리 동양의 마음』(1987년 초판) 고양, 경기: 사월의책, 2017.

Σ5.
언어가 사라진 원시의 체험
─ 한강의 『희랍어 시간』에서

1.

언어가 사라진 원시의 장면은 어떤 모양으로 다가올까? 인간은 문명 이후 하루도 빠짐없이 언어와 함께 살아간다. 언어가 그의 마음에서 움직이지 않는 날은 없다. 언어는 무슨 일을 하고 있는가?

언어에는 사람들이 문장이라고 일컫는 묶음들이 있다. 그리고 하나의 문장은 몇 가지 다른 쓰임을 지닌 낱말들로 이루어진다. 그런데 어떤 특정의 쓰임을 지니는 낱말에 대해 사람마다 각기 다른 생각이 끼어든다. 어떤 다른 생각인가?

20세기에 이르기까지 발전해온 인도-유럽어 계통의 문장에는 이른바 '주어' 곧 행위 주체가 빠질 수 없는 성분으로 참여해야 한다는 생각의 흐름이 있다. 왜 그래야 할까? 이런 물음을 던지면 아마 많은 현대 문법 이론가들은 오히려 이상하게 쳐다볼 것이다. 당연한 것을 '왜 그래야 할까?'라니.

그래서 20세기에 이르러 새로운 문법 체계를 짜는 데 공헌했던 현대중국 문법 이론가들 그리고 한국 말본(文法) 이론의 개척자들도 똑같이 반응할 수 있다. 당연한 것을 '왜 그래야 할까?'라니!!

이를테면 한국 말본의 현대화에서 앞섰던 뛰어난 이론가 최현배 교수의 주어 곧 '임자말'에 관한 견해를, 현대국어 연구가 남기심 교수가 다음과 같이 정리하고 있다.

> "지금까지 전통적인 규범 문법의 대표적 저서인 최현배 지은 「우리말본」에서는 주어를 다음과 같이 정의하고 있다.
>
> '임자말(主語)은 월의 임자(主體, 主題)가 되는 조각을 이름이요, 풀이말(說明語)은 그 임자말 된 일본(事物)의 움직임과 바탈(성질)이 어떠함과 또리 개념(類概念)의 무엇임과를 풀이하는 조각이니 : 이 두 가지 조각은 월의 으뜸되는 조각이니라. … 임자말과 풀이말과는 월의 가장 으뜸되는 조각이니, 아무리 홑진(簡單) 월이라도 이 두 가지 조각만은 갖춰야 능히 월이 될 수 있느니라.'(최현배.『우리말본』정음사, 1955.)
>
> 뒤이어 임자말과 풀이말의 관계 형식은
>
> 무엇이 어찌하다.
> 무엇이 어떠하다.
> 무엇이 무엇이다.

[이렇게] 세 가지라고 하였다. 모든 국어 문법책의 주어에 대한 정의는 모두 이 테두리를 벗어나지 않는다. 대체로, 주어란 어떤 행위, 상태, 환언의 주체를 지칭하는 말로써 문장의 필수 성분이라고 한다."[1]

그리고 다시 현대 중국어의 문법 체계가 이루어지는 과정에서도 서유럽어 계통에서 필수적 성분으로 받아들이는 '주어' 개념이, 당대의 선구적 이론가 왕리(王力, 1900-1986) 교수를 비롯한 이들에 의해 그대로 채용되었음을 한 연구자가 다음과 같이 정리하고 있다.

"한 문장을 이루는 주요 성분은 문장의 주제가 되는 주어(主語) 그리고 그 주어에 대하여 진술하는 술어(謂語)이다. … 주어-술어 관계를 설명하기 위하여 왕리(王力)는 다음과 같은 문장 사례들을 소개한다.

鳥飛 'the bird flies'
三哥來了 'third brother has come'

國很大 'the state is big'

풀이말

1) 그러나 이어서 남기심 교수는 주어가 필수 성분이라는 데에 의문이 있음을 다음과 같이 덧붙이고 있다.

"그런데 이러한 정의로는 풀리지 않는 문제들이 많다. (1) 둘에 둘을 보태면 넷이다. (2) 비가 와서 큰일이다. 세상이 이러니 참 큰일이야. (3) 지금 저 흰 눈 덮인 산 속에는 사슴의 떼가 뛰놀고 있는지도 모른다. (4) 궁하면 통한다. (5) 미운 놈 떡 한 개 더 준다. (6) 어이구, 더워!

이런 문장들은 체언의 격조사 '-가/이'가 붙은 주어가 나타나 있지 않다. 주어가 필수 성분이라면 위의 문장들 속에 주어가 있어야 하는데 주어라고 할 만한 것이 보이지 않는다." 남기심, "주어와 주제어," 『國語文法의 理解』 https://www.korean.go.kr/nkview/nklife/1985_4/1985_0410.pdf

他錯了 'he has said it wrong'

他吃梨 'he eats pears'

他出去開門 'he goes out to open the door' …"(p. 136)[2]

그리고 고대 한어(古代漢語)의 유럽화(Europeanization) 추세를 정리하는 한 연구자는 다음과 같이 요약하고 있다.

> "중국어에서와는 달리 여러 유럽 언어에서 주어를 생략할 수 없다는 사실이, 영어 독일어 또는 프랑스어를 학습하는 중국인들에게 영향을 주어서 그들이 글을 쓸 때 점차 주어를 빠뜨리지 않게 했다고 왕리(王力)를 비롯한 작가들이 인정하고 있다. 서양 언어의 영향을 받은 작가들은 이전보다 더 자주 주어를 쓰게 됐다고 말한다. 무엇보다 그들이 쓰는 문장의 정확성과 완성도를 높이기 위해 의식적으로 그렇게 하든 아니면 의식하지 않으면서도 서양 언어를 따라 하는 가운데 그렇게 했을 수도 있다는 것이다."(p. 93)[3]

(230707)

---

2) Peter Peverelli, *The history of modern Chinese grammar studies*. Springer-Verlag Berlin Heidelberg, 2015. 위의 따온글을 한국말로 옮김에서 이해의 편의를 위해 원문의 일부분을 간략히 하였음.

그러나 한 고대 한어(古代漢語) 연구가는 고대 한어에서 주어가 일상적으로 생략되고 있음을 다음과 같이 설명하고 있다.

"영어에서와 마찬가지로 한어 문장은 일반적으로 두 주요 부분 곧 주어와 술어로 이루어진다. 그러나 주어는 자주 생략될 수 있다. … 고대 한어 문장에서 흔히 주어가 생략되는 경우는 (a) 주어를 문맥에서 알 수 있는 경우 (b) 주어에 자리하는 것이 불(不)특정한 존재일 경우 (c) 환경 또는 세상 일반처럼 비인격적인 경우이다."(p. 13) Edwin Pulleyblank, *Outline of Classical Chinese Grammar*. Vancouver: University of Vancouver Press, 1995.

3) Ruth Cordes, "Language change in 20th century written Chinese: The claim for Europeanization." PhD Dissertation. Universität Hamburg. 2014.

2.

B.C.E. 334년에 시작된 알렉산더 왕의 동방 원정으로 말미암아 이루어진 '헬레니즘 시대'에 고대 희랍어에서 발달했던 이른바 (행위 주체의 능동태도 수동태도 아닌) '중간태'(middle voice)라는 개념은, 어떻게 그때 사람들의 인생관 나아가 운명관을 대변하고 있는가? 이에 따라 다시 행위 주체를 대표하는 '주어'(subject) 또는 '임자말' 이해에 어떤 변화를 가져오게 했는가?

고대 희랍어에는 능동태 수동태 그리고 중간태가 있는데 중간태에서 주어가 어떻게 쓰이는지 다음과 같은 간단한 설명이 있다.

> "'중간태'(middle voice)란 무엇인가? 중간태에서 주어(subject)는 그의 술어 동사에 의해 행위를 하기도 그리고 행위를 받기도 한다. 말하자면 주어는 자신이 [주체가 되는] 행위자(agent)이면서 동시에 그 행위의 [목적격이 되는] 수용자(receiver)이기도 하다."[4]

어떻게 그럴 수 있는가? '중간태'에서 주어는 행위자인 동시에 그 행위의 수용자가 된다니? 따라서 고대 희랍어에서는 수동태가 따로 사용되지 않는다고 말하기도 한다. 그렇게 중간태는 능동태이면서 수동태이기를 겸하고 있다.[5] 왜냐하면 중간태에서 주어는 [주체가 되는] 행위

---

4) "What is middle voice?" *The Free Dictionary* by Farlex. https://www.thefreedictionary.com/ Middle-Voice.htm

5) 수동태가 필요할 때는 중간태를 쓸 수 있다는 고대 희랍어의 관례를 설명하는 고대 희랍어 교재도 있다. 다음 교재에서 '21. The Middle Voice: Part I'을 참고할 것. Wilfred E. Major and Michael Laughy, *Ancient Greek for Everyone: Essential*

자이면서 동시에 그 행위의 [목적격이 되는] 수용자가 되는 사태 전개의 패턴을 대표하기 때문이다.

그래서 고대 희랍어 고유의 중간태가 품고 있는 인생관 또는 운명관을, 그 당시의 시인들이 지어낸 비극 작품 가운데서 풀어내 보여주는 20세기의 희랍신화 연구가 장-피에르 베르낭(1914-2007)의 상세한 설명이 있다.

베르낭은 시인 소포클레스의 작품 『오이디푸스 왕』에서 한 지혜롭고 유능한 인간이 스스로 숙고하며 결정한 행위에 따라 전개되는 필연의 과정 끝에 자신의 파멸을 자초하게 되는 운명의 여정을, 바로 '중간태'가 품고 있는 형식으로 풀어내고 있다. 그 운명의 여정이 가져오는 결과가 나쁘거나 좋거나, 그것은 행위자 자신의 능동적 판단에 따르는 수동적 결과로서 주어지는 것이다.

그러한 '중간태'의 복합적 형식에 따라 전개되는 운명의 여정을, 소포클레스의 비극 작품 『오이디푸스 왕』에서 풀어내 보여주는 베르낭이 다음과 같이 요약하고 있다.

> "이 비극은 오이디푸스라는 인물을 두 가지 관점에서 보여준다. 그는 지상의 번영과 모든 사람의 삶이 의존하는 신에 가까운 왕이다. 그러나 다른 한편으로 그는 위험하고 공포스러운 일을 저질러서 추방되어야 할 자기 오만의 화신이다. 그는 신적인 왕으로서 부정(不淨)을 탄, 모든

Morphology and Syntax for Beginning Greek. 2018. https://pressbooks.pub/ancientgreek/

것을 알며 눈이 먼, 이렇게 반대되는 것을 겸비한 존재이다."(p. 277)[6]

장-피에르 베르낭은 더 나아가 당시의 희랍인들에게는 [개인의 자유]
의지라는 개념 같은 것이 없었다고 단언할 수 있다고 말한다. 그래서
그들은 아직 그들 자신의 행위가 그들 자신의 유일 단독의 자율권에 따
라 이루어진다는 생각에 이르지 않았던 것이다. 베르낭은 이러한 당시
희랍인들의 생각을, 18세기 유럽의 철학자 칸트의 행위 자율권에 관한
생각과 대조시키고 있다.

> "칸트의 행위 원칙은 다음과 같다. '당신이 해야 하는 것을 실행하라.'
> 그 결과로 무엇이 오든지 그것은 당신과 아무 상관이 없다. 옛날 희랍
> 인들에게는 그런 것이 아니다. 당신이 실행했을 때 그 행위로부터 나
> 타나는 결과는 당신이 실행한 것이다."(p.286)[7]

이처럼 능동태와 수동태를 겸비한 중간태를 대변하는 희랍 비극에서
드러나는 운명관 나아가 인생관은 이후에 어떤 변화를 겪게 되는가?
그런 희랍 비극의 운명관은 어떤 새로운 시대의 도전에 부딪히게 되는
가? 그렇다면 칸트가 내세운 것과 같은 행위 원칙 곧 행위의 배타적 자
율권은 어디에서 유래하는 것인가?

---

6) Jean-Pierre Vernant, "Greek Tragedy: Problems of Interpretation," *The Structuralist Controversy: The Languages of Criticism and the Sciences of Man*, eds. Richard Macksey and Eugenio Donato. Baltimore: Johns Hopkins University Press, 1972.

7) Jean-Pierre Vernant, "Greek Tragedy: Problems of Interpretation," *The Structuralist Controversy: The Languages of Criticism and the Sciences of Man*, eds. Richard Macksey and Eugenio Donato. Baltimore: Johns Hopkins University Press, 1972.

옛날 희랍에 나타난 철학자들 가운데 중간태에 닮은 운명의 복합적 전개 양식을 이해하는 헤라클레이토스가 있었다. 그가 이해하는 운명의 전개 양식은, 이후의 철학자들과는 전혀 달리, 배타적 동일성이라는 형식 논리를 따르고 있지 않다. 그는 이렇게 말했다.

> "투쟁은 모두가 하는 것이고 그래서 대립하는 것은 정의로운 것이다."(Diels-Kranz 80)[8]

이에 대해 헤라클레이토스 단편들을 해석하는 찰스 칸(1928-2023)은 다음과 같은 설명을 덧붙이고 있다.

> "'모든 사태는 대립하는 가운데로 흘러간다.' … [그렇게] 헤라클레이토스가 이해하는 로고스는 그 구조가 대립, 긴장, 갈등을 품고 있다." (p. 207)[9]

베르낭이 『오이디푸스 왕』에서 발견하는 비극의 논리는, 역시 양극 대치(對峙)의 논리 곧 반대 대립하는 것들 사이에 또는 대립 갈등하는 세력들 사이에 관계하는 긴장의 논리이다. 그런데 이 같은 비극의 양극 논리는 이후에 배타적인 동일 규칙 나아가 모순배제 규칙을 고집하는 형식 논리에 밀려나고 만다고 베르낭은 정리하고 있다.

---

8) Charles H. Kahn, *The Art and Thought of Heraclitus*, trans. & commentary. Cambridge: Cambridge University Press, 1979, 1981.

9) Charles H. Kahn, *The Art and Thought of Heraclitus*, trans. & commentary. Cambridge: Cambridge University Press, 1979, 1981.

"파르메니데스(B.C.E. 510?-450?) 이후의 철학자들 사이에서 동일률 또는 모순배제율이 지배하는 형식 논리가 발달하고 있었다. 하나의 사태는 이것이거나 아니면 저것일 수 있을 뿐이다. 이것도 저것도 가능한 양면 등가(兩面 等價)는 받아들일 수 없게 되는 것이다.

양면 등가 곧 양극 대응의 논리는 소피스트들이 활동하던 시대에 어울리는 것이었다. 소피스트들은 이른바 '양면 논증'(dissoi-logoi)의 논증 양식을 발견했다. 이는 어떤 주어진 문제에 대해서든지 두 개의 서로 모순되는 논증이 이루어질 수 있다는 것이다. 그리고 소피스트들은 두 개의 서로 모순되는 논증 가운데 어느 쪽도 다른 쪽에 우월하다고 생각하지 않는다. 인생의 모든 문제 가운데에는 양극화하는 대립 긴장 사태가 잠복해 있기 때문이라는 것이다.

그러나 파르메니데스 이후 아리스토텔레스에 이르는 사이에, 동일률 또는 모순배제율에 집착하는 철학자들의 형식 논리에 의해 비극의 양극 논리 또는 소피스트의 양면 등가(兩面 等價)의 논리는 밀려나고 만 것이다."(p. 289)[10]

그렇게 파르메니데스, 플라톤 그리고 아리스토텔레스를 거치는 사이에 철학적 인식론과 형이상학은 동일률과 모순배제율에 따르는 배타적 형식 논리에 의해서 구축된다. 그들의 배타적 형식 논리에 따르면,

---

10) 위의 따온글을 한글로 옮길 때 철학자들의 논리를 선명히 드러내기 위해 추가 가필했음. Jean-Pierre Vernant, "Greek Tragedy: Problems of Interpretation," *The Structuralist Controversy: The Languages of Criticism and the Sciences of Man*, eds. Richard Macksey and Eugenio Donato. Baltimore: Johns Hopkins University Press, 1972.

생각하며 살아가는 사람은 이쪽 아니면 저쪽을 선택해서 '유일 독선' (唯一 獨善)의 진로를 따라가야 한다.

이렇게 새로운 시대의 흐름을 타고 등장한 파르메니데스 유의 철학자들에 의해서, 당대 시인들의 작품 아래에서 움직이던 '배타적 유일 독선의 선택은 있을 수 없다.'라는 헤라클레이토스, 소피스트 유의 인식론과 형이상학은 폐기되고 만다. 그런데 이렇게 능동이 수동을 동반하는 '중간태'에서 주어에 의해 대표하는 행위 주체(agent)가 행위 수용체(patient)가 되는 고대 희랍인들의 양가 논리는 영원히 폐기되는 듯하다가 뜻밖의 장면에서 부활의 기회를 맞이한다. 어떤 모양으로 부활하는가? (230724)

————

'중간태 동사로 살아가는 인생'이란 주제를 걸고 세계선교교회 소속의 김창섭 목사는 다음과 같은 '중간태'의 인생관을 소개하고 있다.

알렉산더 왕(B.C.E. 356-323)의 동방 원정 이후 번창했던 헬레니즘 문화권 안에서 중간태 동사의 쓰임이 특히 발달했던 시대 배경에 비추어, 그때 등장해 설교하던 예수의 메시지를 풀이할 수 있다고 다음과 같이 말한다.

> "헬라어로 '내가 가다'라는 단어는 수동태의 형식을 따르면서 능동태의 뜻인 '내가 가다'는 의미를 가지는 중간태의 동사인 '에르코마이' (ερχομαι: 내가 가다)라는 단어가 있다. 이 단어 '에르코마이'라는 말은

내 스스로 가면서 또한 누구에 의해서 내가 수동적으로 가는 중간태의 의미를 가진다는 것이다. … 그 당시의 사회에서 쓰여진 성경 내용에는 나를 가게 하는 그 주체는 하나님이었을 것이고 나는 하나님의 뜻에 따라 '내가 가다'라고 기록된 것이라고 볼 수 있다."[11]

한 개인은 그가 스스로 행동한다고 생각하는데 이는 아직 드러나지 않은 배후의 시킴에 의해 그렇게 행동한다고 풀이하는 것이다. 엄밀히 들여다보면, 한 개인은 무슨 일이든 혼자 하는 것이 아니다. 아직 드러나지 않은 배후의 다 알 수 없는 조건들이 함께 하는 데서 한 개인이 하는 행위와 그 결과가 이루어지는 것일 수 있다.

실로 예수는 산상설교(山上說教)에서 한 개인이 그의 주체 의식, 자아 의식으로부터 해방될 때 뜻밖에 일어나는 일을 알려주고 있다.

"심령이 가난한 자는 복이 있나니 천국이 그들의 것임이요 … 마음이 청결한 자는 복이 있나니 그들이 하나님을 볼 것임이요"(「마태복음」 5:3, 8)

그러므로 행위 주체를 대표하는 임자말(主語)을 생략하는 말법(文法)에서는, 능동이든 수동이든 주체 역할이 그렇게 필수적 고려 사항이 아니다. 왜냐하면 임자말 생략의 상황에서는, 능동과 수동의 주체 자체가 미결정 상태로 숨겨져 있기 때문이다. 따라서 생략 상태에 들어간 임자말을 대행하는 숨겨진 행위 주체는 역시 '능동도 수동도 아닌' 미결의

---

11) 김창섭, "중간태 동사로 살아가는 인생" 2012.02.15. https://m.cafe.daum.net/faithandstudy/2Epo/ 126?svc=cafeapi

상황에서 움직일 수 있는 것이다.

아니, 오히려 이렇게 이해해야 한다. 생략 상태에 들어간 숨은 행위 주체가 자신을 드러내지 않고 움직이는 x이다.

그러니까 아주 오랜 시간을 거치며 한국 말본(文法)을 일상의 삶에서 가꾸어온 이들은, 행위 주체의 존재를 거두어들이며 그들에게 주어질 운명의 숨은 결정권자 X가 내릴 마지막 심판을 묻고 기다리는 자세를 취하는 습관을 키워온 것이 아닐까 이렇게 생각할 수 있다. (230716)

그런데 한 연구자는 고대 희랍어의 중간태 같은 낱말이 지니는 포괄적 다의성(多義性)에 대해 다음과 같은 풀이를 하고 있다. 고대 언어를 이해함에 있어 한 낱말이 포괄적 의미를 지니는 이유를, 다만 그때 사회가 미분화된 데서 찾아야 한다고. 그러나 이는 그 당대의 진실에서 어긋나는 풀이일 수 있다.

왜냐하면 한 낱말이 지닌 역할은 때로는 의도적으로 숨겨 두는 것이 참 사태를 진실에 가깝게 접근하는 태도이기 때문이다. 실로 고대 희랍어의 중간태가 지니는 복합적 다의성은 그때 시인들의 쓰임에 비추어 보면 의도적으로 숨겨 두는 것이 참 사태에 가깝다고 이해해야 한다.

마찬가지로 한국 말본(文法)에서 행위 주체를 대표하는 임자말을 드러내지 않고 생략하며 숨겨 두는 것이, 우리들이 놓이는 많은 경우에 참 사태의 불확정성에 정확히 대응하는 것이다. (230717)

———

위와 같은 사태 분석을 배경으로 해서 한어(漢語) 문법과 한국 말본(文法)에서 이른바 '주어' 또는 행위 주체를 대표하는 문장 성분들이 처리되고 있는 모양을 보면, 고대 희랍어의 '중간태'에 대한 거리감이 자연스럽게 해소될 수 있지 않을까?

공자가 자공에게 "너와 안회는 누가 나으냐?"고 물으니, 자공이 "제가 어찌 안회를 따라가겠습니까? 안회는 하나를 들으면 열을 알고 저는 하나를 들으면 둘을 압니다."(『論語』「公冶長」)로 답한다. 여기서 공자는 화답한다.

"弗如也. 吾與女弗如也." (『論語』「公冶長」)

첫 마디에서 공자는 "弗如也."("같지 않지." 또는 "따라가지 못하지.") 이렇게 대꾸한다. 여기서 누가 누구와 같지 않다는 것인지 분명하지 않다.

여기서 "같지 않지." 또는 "따라가지 못하지."라고 한 공자의 첫마디에서 누가 누구만 못하다는 것인지 모호한 채로 남겨져 있다. 서구 문법에서 '주어'라고 하는 것이, 왜 한어 어법에서는 흔히 생략되는가? 극히 절제된 표현의 문장에서 암시된 상황 전체가 정합(整合) 관계에 놓이도록 서로 반구(反求) 반영(反影)하지 않으면 누가 판단의 주어로 있는지 또는 행위 주체인지 알 수가 없게 되어 있다.

현대 한어의 어법을 논하는 루지엔밍(陸儉明) 교수 역시 주어와 술어라는 성분을 갖추지 않은 하나의 낱말이라도 한 온전한 뜻을 전달하는 문장으로 보아야 한다고 말하고 있다. 예를 들면 '누구야?'(誰?)라는 물음에 대한 응답으로서 '나야.'(我.)는 손색없는 하나의 온전한 문장이다.[12]

어째서 한어에서뿐만 아니라 그 밖에 많은 지역의 언어에서 서구의 문법이 필수적으로 요구하는 주어가 없는 문장이 자연스럽게 받아들여지고 있는가?

공자는 "자기 자신에게서 찾는다."라고 하는 '반구'(反求)의 태도를 다음과 같은 맥락에서 보여준다.

> "君子求諸己, 小人求諸人." (『論語』 「衛靈公」)

"군자는 자기 자신에게서 찾는다."(君子求諸己)는, 자기의 운명에 대하여 한계를 내려주는 하늘 또는 공존하는 타자의 소리에서 자기의 처신을 찾는다는 것이다. 자기의 처신은, 한 개인의 독립 주체로서가 아니라 자기를 조건 지우고 제약하는 하늘 아니면 타자에 관계하는 한 부분으로서 마땅한 자세에서 찾아야 하기 때문이다.

이는 한 사람이 하나의 독립 주체로서 분리되어 움직일 수 있는 것이 아니므로, 그가 소속한 복합적 상황 전체를 향해 반구(反求) 반영(反影)하는 자세를 가지고 자신의 길을 찾는 것이다. 주어 주체로서의 한 사람은 뒤로 물러나 그 자신의 처신을 숙고한다.

---

12) 馬眞, 『簡明實用漢語語法』 修訂本. 北京: 北京大學出版社, 1988. 36-37쪽 참고.

고대 희랍어에서 전해오는 주어로서 대표하는 주체 역시 능동과 수동의 복합적 다의성 곧 '중간태'라는 사태에 놓이는 '한 부분으로서 마땅한 처신'을 찾는다. 그렇게 공자의 '반구 반영'과 고대 희랍 시인의 '중간태'가 품고 있는 발상은 한국 말본 가운데서도 움직이고 있다.

> "한국말에서는 이른바 주어 또는 임자말이라는 것을 생략하는 문장 구조가 허용되고 있다.[13] 따라서 주어 자리에 아무것도 놓지 않고 그 자리에 있다고 상정하는 그것에 어떤 이름이나 정체성을 매기지 않고 미지의 x로 기억하며, 그것이 보여줄 것들을 시간의 흐름 가운데서 기다리는 태도가 한국말의 문장 구성법을 지배한다고 볼 수 있다.
>
> 불확정의 상태에서 숨을 죽이고 있는 미지의 x가 보여줄 움직임을 그렇게 기다리고 있기 때문에, x에 관한 판단을 마무리할 술어 곧 풀이말의 마디들을 x가 보여줄 모양에 따라 굴절 대응시키려고 맨 뒤에 놓는 전략을 택하는 것이다."(85-86쪽)[14]

이렇게 한국 말본 아래에서 움직이는 주어 주체의 인식론은, 뜻밖에도 20세기 이전 이후에 서구철학의 새로운 방향을 모색하던 철학자 프리드리히 니체와 버트런드 러셀에게서 나타난 반성과 비판에 일치하는 흐름이기도 하다.

---

13) "조선어에서 주어는 문장 구성의 필수적 요소가 아니다. 만약 주어가 문장 구성의 필수적 요소라고 한다면 주어 없는 문장은 모두 불완전 문이 될 것이다. … 그러나 조선어에서 주어 없는 문장은 그 사용 빈도에 있어서 절대적이며 또한 주어가 없다고 해서 전형적인 문장 구성을 방해하는 일이 없다."(86-87쪽) 김영황, 『문화어문장론』 평양: 김일성종합대학출판사, 1983.

14) 『x의 존재론』 고양, 경기: 사월의책, 2017.

니체와 러셀은 그들 사이의 어울릴 수 없는 모든 차이점에도 불구하고, '어떻게 인도-유럽어의 주어-술어 문법이 허구의 존재론 또는 허구의 형이상학을 만들어내는가?'라는 같은 질문을 집요하게 천착해서 각각 새로운 세계 질서에 대한 비전을 제시하는 데에 이른다. 주어가 주축이 되어 술어 또는 풀이말들을 통솔하는 인도-유럽어의 문법은 주체, 자아, '나'라는 허구의 존재론을, 따라서 '속성들을 지닌 실체' '현상 너머의 실재'라는 허구의 형이상학을 만들어낸다고 니체와 러셀은 풀이했다.[15]

그러나 주체 또는 실체라는 허구의 개념을 버린다고 해서, 인간이 다만 현상계라는 가상 속에 안주해서 살 수 있는 것은 아니다. 왜냐하면 인간이 현상계 너머의 그것 x 또는 X라는 그 정체에 대해서 근본적으로 알 수 있는 것은 없지만, 그럼에도 그것 x 또는 X는 인류의 삶과 운명에 쉼 없이 간섭 개입하는 절대의 결정권을 행사하고 있기 때문이다.

(230801)

---

15) 니체와 러셀은 각기 아래와 같은 사례 (1) (2)에서 허구의 존재론과 허구의 형이상학이 나타나는 근거 해명을 한다.

(1) "실체의 개념은 주어 또는 주체라는 개념에서 유래하는 것이다. 실체가 있어서 주어 주체가 생긴 것이 아니다! 주어 주체라는 영혼을 없애 버리면 따라서 실체라는 관념도 사라져버린다. … '주체'는 하나의 허구일 뿐이다. 우리에게 일어나는 유사한 사태들이, 그 바탕에 있는 하나의 실체로 말미암은 결과라고 믿는 데서 일어나는 허구이다."(Bk III 485) Friedrich Nietzsche, The will to power, trans. W. Kaufmann & R. J. Hollingdale. New York: Vintage Books, 1968.

(2) "인도-유럽어계에서의 문장 구성법은 아주 다르다. 거의 어떤 문장이든지 주어와 술어가 계사에 의해 결합한다. 이런 문장 구조에 따라서 주어의 실체가 그에 속하는 술어 성질들로 이루어진다는 추론을 하게 된다."(p. 331) Bertrand Russell, "Logical atomism," Logic and Knowledge. London: George Allen & Unwin, 1956.

3.

세상에 주어진 자연과 사물에 대해 인간이 행위 주체로서 다가갈 때 가장 효율적인 도구 또는 매체로서 언어를 사용한 데에 무슨 문제가 있었는가? 과연 인간은 세상에서 행위 주체로서 움직일 수 있는 존재인가? 그리고 인간의 언어라는 도구 또는 매체는 어떤 문제를 안고 있는가? 언어는 진리에 다가가는 참 도구인가 아니면 장애물인가?

한강의 『희랍어 시간』은 어떻게 장-폴 사르트르의 『구토』와 만나게 되는가? 두 사람은 어떻게 '언어가 사라진 원시의 체험'을 하도록 우리를 이끌어 가는가? 이 물음에 따라 『희랍어 시간』이 흐르며 드러내는 주제를 크게 다음과 같은 두 갈래의 생각 곧 **가.** 그리고 **나.**의 생각으로 나누어 볼 수 있다.

가.

"꼬챙이 같은 언어들이 시시로 잠을 뚫고 들어와, 그녀는 한밤에도 몇 번씩 소스라치며 눈을 떴다."(『희랍어 시간』 15쪽)[16]

"가장 고통스러운 것은, 자신이 입을 열어 내뱉는 한마디 한마디의 말이 소름끼칠 만큼 분명하게 들린다는 것이었다. … 그녀는 자신의 혀와 손에서 하얗게 뽑아져나오는 거미줄 같은 문장들이 수치스러웠다. 토하고 싶었다. 비명을 지르고 싶었다.

---

16) 한강, 『희랍어 시간』 파주, 경기: 문학동네, 2011, 2022. 그리고 아래의 따온글도 같은 책에서 가져옴.

마침내 그것이 온 것은 그녀가 막 열일곱 살이 되던 겨울이었다. 수천 개의 바늘로 짠 옷처럼 그녀를 가두며 찌르던 언어가 갑자기 사라졌다. … 더 이상 그녀는 언어로 생각하지 않았다. 언어 없이 움직였고 언어 없이 이해했다. 말을 배우기 전, 아니, 생명을 얻기 전 같은, 뭉클뭉클한 솜처럼 시간의 흐름을 빨아들이는 침묵이 안팎으로 그녀의 몸을 에워쌌다."(『희랍어 시간』15-16쪽)

"자신의 목소리가 공간 속으로 퍼져나가는 것을 좋아하지 않았던 것처럼, 자신이 쓴 문장이 침묵 속에서 일으키는 소란 역시 견디기 어려웠다. 때로는 글을 시작하기도 전에, 한두 단어의 배열을 생각하는 것만으로 구토의 기미를 느꼈다."(『희랍어 시간』56쪽)

"자신이 말을 잃은 것이 어떤 특정한 경험 때문이 아니라는 것을 그녀는 알고 있다. 셀 수 없는 혀와 펜 들로 수천 년 동안 너덜너덜해진 언어. 그녀 자신의 혀와 펜으로 평생 동안 너덜너덜하게 만든 언어. 하나의 문장을 시작하려 할 때마다 늙은 심장이 느껴졌다. 누덕누덕 기워진, 바싹 마른, 무표정한 심장. 그럴수록 더 힘껏 단어들을 움켜쥐었다. 한순간 손아귀가 헐거워졌다. 무딘 파편들이 발등에 떨어졌다. 팽팽하게 맞물려 돌던 톱니바퀴가 멈췄다."(『희랍어 시간』165쪽)

"말을 잃고 나자 그 모든 풍경이 조각조각의 선명한 파편이 되었다. 만화경 속에서 끝끝내 침묵하던, 무수한 차가운 꽃잎처럼 일제히 무늬를 바꾸던 색종이들처럼."(『희랍어 시간』99-100쪽)

———

"꼬챙이 같은 언어들. 자신의 혀와 손에서 하얗게 뽑아져 나오는 거미줄 같은 문장들이 … 토하고 싶었다. … 수천 개의 바늘로 짠 옷처럼 그녀를 가두며 찌르던 언어가 갑자기 사라졌다. … 셀 수 없는 혀와 펜 들로 수천 년 동안 너덜너덜해진 언어. 더이상 그녀는 언어로 생각하지 않았다. 언어 없이 움직였고 언어 없이 이해했다."(『희랍어 시간』에서)

여기에 모여 있는 이야기를 스쳐 지나 돌아보면, 그녀가 어째서 인간이 하루도 빠짐없이 뒤집어쓰고 살아야 하는 말 그 언어를 떠날 수밖에 없는지 참으로 실감하지 않을 수 없다. 그리고 인간으로 하여 스스로 만물 가운데 으뜸가는 존재라고 자부하도록 만들었던 능력으로서 언어가 이만큼 경멸의 대상으로 추락한 적이 없었던 것 같다.

인류는 언어를 무엇을 위하여 만들었고 언제부터 사용했는가? 언어는 인류에게 무엇을 가져다주고 무엇을 빼앗아 갔는가? 인간의 말 곧 언어 사용의 시작을 고대 인류문명의 시작에서 찾을 수 있을까? 무엇이 애초에 인류로 하여 말 곧 언어를 사용하도록 하였을까? 어떤 동기와 논리적 규칙이 언어 사용의 행위를 이끌었을까?

그렇다면 우리는 우리 자신에게 다시 물어야 한다. 원시의 인류가 그때의 환경에 주어진 혼돈의 사태를 통제하고 관리하기 위하여 만들어낸 도구에는 무엇이 있는가? 고고인류학을 공부한 이는 그런 목적으로 만들어진 도구는 백 수십만 년 전의 인류 호모에렉투스가 흔적으로 남기고 간 돌도끼 때로는 나무창이라고 떠올릴 것이다.

다시 인류의 언어는? 인류의 언어 역시 돌도끼나 나무창처럼 환경에 주어진 혼돈의 사태를 관리하고 통제하기 위하여 때로는 부수고 찌르는 도구가 아닌가?

> "문자 기록 이전의 시대에 수없이 거듭해온 생존 전략 및 도구의 개량과 혁명 끝에 드디어 지구 위의 지배자로 등장할 수 있었던 원시 인류 호모에렉투스에게 세련된 논리적 사유가 없었다고 말할 것인가?

> 인간 자아의 방패막이 같은 생존 전략과 논리 규칙을 만들어낸 처음의 원조(元祖)는, 험악한 자연의 조건들에 맞서 싸우기 위하여 돌도끼와 나무창을 만들고 집단생활을 하기 시작한 백 수십만 년 전의 호모에렉투스일 수 있다."[17]

한강은 인간의 언어에서 '꼬챙이처럼 찌르는' 감각을 그리고 인간의 혀와 손에서 뽑아져 나오는 '거미줄 같은' 모양을 어떻게 발견하게 되었을까? 언어는 돌도끼와 나무창에 못지않게 자연을 향해 그리고 동료 인간을 향해 찌르고 다스리려는 자아 중심의 방패막이 같은 동일 법칙 곧 배타적 세계 질서를 세우는 데 가장 주요한 도구이던 것이다.

고대 희랍의 철학자들 파르메니데스와 플라톤과 아리스토텔레스는 자연을 그리고 동료 인간을 향해 찌르고 다스리기 위한 자아 중심의 방패막이 같은 동일 법칙 곧 배타적 세계 질서를 세우는 데에 절대의 공헌을 했던 철학자들이다. 당대의 시인과 소피스트들의 '중간태'(middle voice) 또는 '양가 논리'(dissoi logoi)를 제압하면서!!

---

17) 위의 따온글 두 마디는 각각 첫째 문 "철학은 아직도 무슨 소용이 있는가?"의 마디글 3.과 2.에서 따옴.

그리고 고대로부터 현대에 이르기까지 인류의 동서양 문명을 선도하는 데에 누구보다 공헌했던 철학자들의 역사는 인간 본위, 자아 중심의 배타적 존재론 또는 배타적 형이상학으로 가득 차 있다. (230728)

나.

"자라면서 그녀는 이 일화를 반복해 들었다. 고모들, 외사촌들, 오지랖 넓은 이웃집 여자로부터. '하마터면 넌 못 태어날 뻔했지.' 주문처럼 그 문장이 반복되었다. …

세계는 그녀에게 당연스럽게 주어진 것이 아니었다. 캄캄한 암흑 속에서 수많은 변수들이 만나 우연히 허락된 가능성, 아슬아슬하게 잠시 부풀어오른 얇은 거품일 뿐이었다."(『희랍어 시간』 52쪽)[18]

"이따금 그녀는 자신이 사람이기보다 어떤 물질이라고, 움직이는 고체이거나 액체라고 느낀다. 따뜻한 밥을 먹을 때 그녀는 자신이 밥이라고 느낀다. 차가운 물로 세수를 할 때 그녀는 자신이 물이라고 느낀다. 동시에 자신이 결코 밥도 물도 아니라고, 그 어떤 존재와도 끝끝내 섞이지 않는 가혹하고 단단한 물질이라고 느낀다."(『희랍어 시간』 59쪽)

"플라톤의 후기 저작을 읽을 때, 진흙과 머리카락, 아지랑이, 물에 비친 그림자, 순간순간 나타났다 사라지는 동작들에 이데아가 있는가 하는 질문에 내가 그토록 매혹되었던 것도 마찬가지였어.

---

18) 한강, 『희랍어 시간』 파주, 경기: 문학동네, 2011, 2022. 그리고 아래의 따온글도 같은 책에서 가져옴.

그 무렵 내가 붙들고 있었던 주제를 기억해. 어둠의 이데아, 죽음의 이데아, 소멸의 이데아에 대해 새벽까지 너와 내가 나누었던 길고 부질없고 쓸쓸한 이야기들을. …

고개를 흔들면서 나는 너에게 물었지. 하지만 말이야. 만일 소멸의 이데아가 존재한다고 가정한다면 말이야 … 그건 깨끗하고 선하고 숭고한 소멸 아닐까? 그러니까, 소멸하는 진눈깨비의 이데아는 깨끗하게, 아름답게, 완전하게, 어떤 흔적도 없이 사라지는 진눈깨비 아닐까?"
(『희랍어 시간』 117-118쪽)

———

"'하마터면 넌 못 태어날 뻔했지.' 주문처럼 그 문장이 반복되었다. … 세계는 그녀에게 당연스럽게 주어진 것이 아니었다."(『희랍어 시간』에서)

앞에서 드러났듯이 인류가 언어를 사용하기 시작했을 때 움직였던 동기와 그 논리적 규칙을, 백 수십만 년 전에 출현한 원시 인류 호모에렉투스의 돌도끼와 나무창 사용의 동기와 그 논리적 규칙에서 다시 찾는다면, 그렇게 오래된 습관의 흐름 가운데에 빠져 살아야 하는 21세기 시인 한강은 당연히 인간의 언어를, 찌르며 얽어매는 바늘이나 거미줄 같은 한낱 혐오스러운 도구로 이해할 수밖에 없을 것이다.

그렇다면 언어에 의해 이것과 저것이 서로 배타적으로 갈라져 존재하게 된 것들 그리고 그렇게 존재하도록 조작하는 도구인 언어로부터 탈출하는 길을 찾는 것이 시인 한강에게 다가온 과제일 수 있다. 그녀는 언어에 의해 존재하는 것들이 사라져감 곧 소멸함의 이데아는 없을까? 라고 묻는다.

그러나 '이데아'라는 것 자체가 플라톤이 세상에 존재하는 모든 것을 서로 배타적으로 갈라서게 조작하는 데 쓰이는 언어에 의해 만들어진 것이다. 플라톤에게 그렇게 존재와 언어는 서로 분리 불가능하도록 밀착하는 동반자이다. 그래서 플라톤은 오히려 한강이 그토록 혐오했던 찌르고 가르는 언어가 품고 있는 개념이나 범주 체계를 철저하게 연마하고 있었다.

그러므로 플라톤을 비롯한 철학자들이 찌르고 가르는데 사용한 언어가 품고 있는 개념이나 범주 체계가 사라질 때 비로소 인간은 자기 존재의 바탕, 아니 '존재 아님' '사라짐'의 바탕을 새로운 경계에서 찾아야 하는 단계에 이른다.

그렇게 인간이 언어로부터 탈출했을 때, 시인 한강이 이미 체험한 것처럼 사물들 사이에 경계가 희미해질 수 있다. 그래서 그녀는 자기가 먹는 밥과 자기의 몸, 자기를 씻기는 물과 자기 자신 사이의 경계가 희미해지고 다시 나아가 사물들 사이의 경계가 없어지며 모든 것이 그냥 흐물흐물한 물질로 환원되어버리는 경지에 이르는 것이다.

그런데 그렇게 언어가 사라진 원시의 사태가, 바로 20세기 초에 프랑스의 한 문학청년 장-폴 사르트르가 겪었던 구토의 체험 가운데서 발견한 것 곧 모든 사물의 경계가 사라져버린 세상의 광경이었다. 그때 세상에 존재하는 것들이 지니고 있던 이름과 그것들이 지키던 경계선이나 질서가 사라져 버리고 알 수 없는 물질 아닌 나체 덩어리 같은 모습을 띤 것들이 나타났다. 그때의 체험을 사르트르는 『구토』에서 이렇게 남겼다.

> "존재가 갑자기 탈을 벗은 것이다. … 또는 차라리 뿌리며, 공원의 울타리며, 의자며, 풀밭의 듬성듬성한 잔디며, 모든 것들이 사라졌다. 사물의 다양성, 그것들의 개성은 하나의 외관, 하나의 껍데기에 불과했다. 그 껍데기가 녹은 것이다. 괴상하고 연한 무질서한 덩어리─헐벗은, 무시무시하고 추잡한 나체 덩어리만이 남아있었다."(235쪽)[19]

이제 한강의 『희랍어 시간』에서 헐거워 끊어져 버린 언어와 존재의 관계, 모든 있는 것들을 엮으며 잡고 있던 관계가 풀어져 흐트러진 세상은 어떤 모양으로 다가왔는가? 언어로부터 해방되면 우리에게 다가오는 것은 무엇일까? 그렇게 나타날 무엇은 더 이상 무엇이 아닐 것이다.

> "더 이상 그녀는 언어로 생각하지 않았다. 언어 없이 움직였고 언어 없이 이해했다. … 이따금 그녀는 자신이 사람이기보다 어떤 물질이라고, 움직이는 고체이거나 액체라고 느낀다. 따뜻한 밥을 먹을 때 그녀는 자신이 밥이라고 느낀다. 차가운 물로 세수를 할 때 그녀는 자신이 물이라고 느낀다. … 그건 깨끗하고 선하고 숭고한 소멸 아닐까? 그러니까, … 어떤 흔적도 없이 사라지는 진눈깨비 아닐까?"(『희랍어 시간』에서)

---

19) 장-폴 사르트르, 『구토』 강명희 옮김. 서울: 하서출판사, 2009.

그렇다면 우리를 이끌고 가는 길잡이는? 문명 이후 인류에게 그리고 세상에 존재하는 사물들에 '이데아' 같은 개념과 범주 체계를 앞잡이로 해서 압력을 행사하며 통치 구속하던 관행에서 예외가 되었던 어떤 언어 규칙도 철학 체계도 없었다.

'왜 사라져가는 것들의 이데아는 없는가?' 이렇게 한강은 『희랍어 시간』에서 물었다. 그런데 아니다. 한강에게 이데아 같은 것은 다시는 있어서는 안 된다. 이데아 같은 개념들과 범주들을 품은 모든 언어 체계가 사라졌을 때 다시 찾을 수 있는 '원시의 체험' '태초의 체험' 같은 것은 없는가? 이렇게 물을 수밖에 없다.

한때 시인 한강은 고대 희랍의 시인들이 떠올렸던 운명의 행위 패턴 '중간태'에서 대안의 출구를 찾으려고 했던 것 같다. 그녀의 생각은 자아 중심의 방패막이 같은 배타적 동일 법칙으로 독단하고 구속함이 아닌 그래서 능동이 수동을 동반하는 '중간태'라는 운명의 행위 양식에 관여하고 있었다. (230702)

4.

그런데 '중간태'에서 옛날 희랍의 비극작가들이 발견하려고 했던 운명의 패턴은, 능동과 수동이라는 인간의 행위 수준을 훨씬 초월하는 경계에서 넘쳐오는 그래서 '언제든 예상할 수 없는 뜻밖의' 사태 앞에 놓일 수 있음을 보여준다. 그렇다면 이렇게 다시 물을 수 있다. '중간태'가 함축하고 있는 '뜻밖의 전개 패턴'은 어떤 모양일까?

"이를테면 우리는 전쟁이 휩쓸고 지나간 폐허의 마당에서 사람이 실현
하려는 진리보다 언제나 높은, 비극 아닌 어떤 다른 형식이나 논리로
도 잡을 수 없는 초월의 질서가 있음을 깨닫는다."(274쪽)[20]

파르메니데스와 플라톤과 아리스토텔레스는 그들의 배타적 동일 법칙
을 뼈대로 하는 형식 논리를 가지고, 그때의 시인들이 인식하고 이해하
려던 '언제든 뜻밖에 경계를 초월해 넘어오는' 비극의 논리를 무너뜨리
는 데 온 힘을 기울였다. 그러나 그때의 시인들이 간파했던 인간 운명
의 숨겨진 패턴 곧 비극의 논리는 항상 인류의 삶 그리고 현장의 역사
와 함께하고 있었다.

그러니까 비극의 논리에서 간파하는 '초월의 질서'는 스스로 행하든 당
하든, 일생에 할 수도 안 할 수도 있는 선택의 조건이 아니다. '초월의
질서'는 결국에 피할 수 없게 누구든지 통과하는 자기 존재, 자기 시간
의 소멸 절차이다. 그래서 이를테면 다가오는 죽음은 한 일생의 피할
수 없는 과제로서 주어지는 자기 존재, 자기 시간의 소멸로써 이루는
자기 자아의 초월이다. 죽음은 자아의 소멸이 아니라 자아의 초월이다.
그렇게 초월은 운명이다.[21]

시인 한강은 다음과 같은 한마디를 오지랖 넓은 주변 사람들로부터 되
풀이해 들었을 때 자신의 운명은 잠깐 일어난 '얇은 거품'처럼 자기 존
재의 소멸에 의한 자기 자아의 초월에 있음을 느낄 수 있었다.

---

20) "옛날 그리스 비극의 사족으로서의 서양철학사," 『동양의 논리는 어디에 있는가』
   (1993년 초판) 고양, 경기: 사월의책, 2017. 참고.

21) ∑3. "초월은 운명이다." 『야생의 진리』 고양, 경기: 사월의책, 2021. 참고.

"'하마터면 넌 못 태어날 뻔했지.'

… 세계는 그녀에게 당연스럽게 주어진 것이 아니었다. 우연히 허락된 가능성, 아슬아슬하게 잠시 부풀어오른 얇은 거품일 뿐이었다."
(52쪽)[22]

누구든지 통과해가야 하는 자기 존재의 소멸 곧 부재화(不在化) 절차는 어디로 회귀해 들어가는가? 그는 자신을 소멸하며 영원을 향해 초월해 들어간다. 세상에 몸을 드러내 존재하는 그에게 쉼 없이 다가오는 자기 소멸의 신호에 따라 각기 가능한 자아 해탈, 자아 초월을 꿈꾼다.

『희랍어 시간』 마지막에서 그녀는 자기 소멸의 신호에 예민하게 반응하고 있었다.

"하지만 말이야. 만일 소멸의 이데아가 존재한다고 가정한다면 말이야 … 그건 깨끗하고 선하고 숭고한 소멸 아닐까? 그러니까, 소멸하는 진눈깨비의 이데아는 깨끗하게, 아름답게, 완전하게, 어떤 흔적도 없이 사라지는 진눈깨비 아닐까?"(118쪽)[23]

여기서 시인 한강은 자신을 소멸하며 초월해 가는 자아 해탈, 자아 초월의 길을 찾는다. 그래서 자신을 초월해 나아가는 길은 모두에게 같지 않음으로써 다가온다.

---

22) 한강, 『희랍어 시간』 파주, 경기: 문학동네, 2011, 2022.

23) 한강, 『희랍어 시간』 파주, 경기: 문학동네, 2011, 2022.

모든 것이 자신을 소멸하며 초월해 다가가는 영원은, 현재를 향하여 어떤 관계를 이루는가? 영원은 현재와 떨어져서 흐르는 시간 저편에 다만 머물러 있지 않고, 항상 현재 안에 들어와 다시금 새로운 현재를 만들어 간다. 영원은 현재에 내재하며 현재를 초월하는 긴장 관계로서 움직인다.[24] (230730)

---

[24] Ⅵ. "현재 안에서 움직이는 영원의 기억," 『x의 존재론』 고양, 경기: 사월의책, 2017. 참고.

Σ6.
그리운 고향을 향한 여정 1. 2. 3. 계단
—제3 지대로의 길

인간 행위의 주체 '자아'라는 것은 문법에 쓰이는 '주어'(the subject)의 구실에 따라 착상된 허구에 지나지 않음을 이미 고대 문명 초기에 깨달은 선각자들이 있었다. 소포클레스(B.C.E. 497-406)와 공자(B.C.E. 551-479)는 각각 고대 희랍어의 '중간태'(the middle voice)에서 그리고 고대 한어(漢語)에 잠재해 있는 '집체 반구'(集體 反求)[1]에서, 거의 같은 의도를 가지며 '행위 주체로서의 자아를 낮추고 들어가 처신해야 할 온전한 맥락'을 가리키고 있었다.

그렇다면 기억할 수 없는 오래전부터 한국 말본 가운데서 말할 때 수행해온 주어 주체의 탈락 곧 '임자말 생략'에서 오늘날 우리가 되살려야 할 철학적 메시지는 어떤 것일까? 이 물음에서 새로운 시대의 세계관

풀이말

1) 공자가 말하는 반구(反求)란? "한 사람이 하나의 독립 주체로서 분리되어 움직일 수 있는 것이 아니므로, 그가 소속한 복합적 상황 전체 또는 집체(集體)를 향해 반구(反求) 반영(反影)하는 자세를 가지고 자신의 길을 찾는 것이다."(위의 Σ 5. "언어가 사라진 원시의 체험에서"의 마디글 2.에서 따옴.

을 예시하는 흐름을 만날 수 있다. 그 새로운 시대의 흐름을, 우리는 동서양의 전통 사상과 그 언어적 배경에 유의했던 프리드리히 니체의 다음과 같은 한마디에서 발견했었다.

> "'주어 주체의 개념이 가장 덜 발달한' 우랄-알타이어 계통에 속하는 철학자들은 '세계를' 다른 모양으로 '들여다볼' 가능성이 대단히 높다."(Part One 20)[2]

과연 그러기 때문에 한국 말본에 익숙한 우리 시인들에게서, 세상 사람들이 소멸 또는 죽음이라고 이해하는 사태가, '자아 탈출, 자아 해탈의 여정'이라는 단절 없는 삶의 흐름으로 떠오를 수 있었던 게 아닐까? 돌이켜 본다.

그렇게 주어 또는 임자말로 대표하는 행위 주체가 (1) (각양각색의 집단 구성원들 사이에 이루어지는) 일치/불일치하는 관계 그리고 (2) ('중간태'라는 말본에서처럼) 능동/수동이 합류하는 관계를 거쳐 (3) 결국에 (영원의 한 조각 분신이 궁극의 처소로 회귀하는) 수평/수직의 관계로 초월해 들어감으로써 자아 탈출, 자아 해탈의 여정이 열리게 되는 것으로 볼 수 있다.

주어 또는 임자말이 대표하는 행위 주체는 저렇게 (1) 일치/불일치 (2)

---

2) Friedrich Nietzsche, *Beyond Good and Evil*, trans. R. J. Hollingdale. Penguin Books, 1973.

행위 주체를 대표하는 주어 개념의 소멸을 풀이하며 거론하는 니체의 쌍벽 개념 곧 '영겁 회귀'(eternal recurrence)와 불교의 '윤회'(reincarnation)에 관하여 아래의 £7. "한국 민화(民畵)에 떠오르는 개체/무한의 '사이 이음'"에서 마디글 1. 참고.

능동/수동 (3) 수평/수직의 경계 위에서 쉼 없이 불타며 떠오르는 자아 탈출, 자아 해탈의 계단을 통과해 간다.

1.

일치/불일치가 관계하는 첫째 계단

모든 생명 가진 것들 안에서 영원의 기억이 각기 다른 모양으로 살아 움직이고 있다. 서로 어떤 차별도 없이 일치하는 평균한 개체 생명이란 자연의 상태에서 있을 수 있는 존재가 아니다. 개인주의 의식도 없고 이해할 수도 없는 자연의 상태에서, 한 생명은 각기의 유일한 개체성을 가지고 태어난다. 그리고 그의 타고난 개체성을 가지고 그가 소속하는 집단과 환경에서 주어지는 어떤 구실 또는 역할을 행사한다. 한 무리의 들짐승이나 어류 집단 안에서도 각자에게 각기 다른 구실 또는 역할이 배분되는 모양의 역학 관계를 설명하는 생태생물학자들이 있다.

> "어디에나 존재하는 개체들 사이의 일관된 다름(이를테면 '동물들의 성격들', animal personalities)은 그들의 집단이 이루어내는 협력 체계 곧 먹이를 찾는 역할, 포식자를 경계하는 역할 따위를 수행함으로써 그가 소속하는 집단의 기본적 패턴을 이루어낸다. … 여기서 우리는 그들의 지휘체계와 행위 패턴 그리고 먹이 사냥 작업이, 어떻게 개체들 사이의 한결같은 다름에서 구축되는지를 탐구한다."[3]

---

3) Jolle W. Jolles, et al., "Consistent Individual Differences Drive Collective Behavior and Group Functioning of Schooling Fish," *Current Biology* 27, 1-7,

그들이 각각 타고난 개체성에 따라 각기 다른 구실 또는 역할로써 한 무리의 공동체를 이룰 수 있다면, 인류 또한 그렇게 각각 타고난 개체성에 따라 각기의 다른 역할을 수행할 수 있게 하는 최적의 조건을 '일치와 불일치의 협력 관계'로 제시할 수 있다. 일치와 불일치의 협력 관계, 이것이 각기 타고난 개체성을 유지하면서도 한 공동체를 구축 지속하도록 받쳐주는 자연의 조건이다.

한 사회는 그 안에 갖가지 분열과 내란의 성분들을 품고 있으면서도, 어떻게 그의 연속성을 지킬 수 있는가? 한 사회의 연속성은 임의의 규범 또는 이념에 관한 '합의'(consensus)나 '강제'(coercion) 어느 한쪽에 의존하는 것이 아니라 그 수면 아래의 자연에서, 일치와 불일치의 협력 관계 또는 동거 관계가 작동하는 데서 비롯하는 것으로 볼 수 있다.

> "강제설(coercion)을 주장하는 랄프 다렌도르프(1929-2009)나 합의설(consensus)의 제안자인 탤컷 파슨스(1902-1979)가 각각 다르게 제기하는 한 사회의 '연속성이 가능하도록' 이끄는 요인은, 결국에 일치와 불일치가 협력 동거하는 자연의 쉼 없는 연출 역학 곧 자연에서 발현하는 (강제도 합의도 아닌) '초(超) 규범'(supra-norm)의 질서로서 이해할 수 있다."(151쪽)[4]

September 25, 2017.

[4] VI. "불일치와 일치가 함께 삶: 사회학," 『진리의 패권은 사람에게 있는 것이 아니다』 고양, 경기: 사월의책, 2019.

그렇다면, 한 사회의 현실 체제를 구축하며 그의 역사를 이끌어가는 마지막 법칙은, 일치와 불일치의 협력 동거 관계와 같은 수평적 관계 안에서 작동하는 질서인가?

2.

능동/수동이 관계하는 둘째 계단

B.C.E. 334년에 시작된 알렉산더 왕의 동방 원정으로 말미암아 이루어진 '헬레니즘 시대'에 고대 희랍어에서 발달했던 이른바 (행위 주체의 능동태도 수동태도 아닌) '중간태'(middle voice)라는 개념은, 어떻게 그때 사람들의 인생관 나아가 운명관을 대표하고 있는가? 이에 따라 다시 행위 주체를 대표하는 '주어'(subject) 또는 '임자말' 이해에 어떤 변화를 가져오게 했는가?

> "'중간태'(middle voive)란 무엇인가? 중간태에서 주어(subject)는 그의 술어 동사에 의해 행위를 하기도 그리고 행위를 받기도 한다. 말하자면 주어는 자신이 [주체가 되는] 행위자(agent)이면서 동시에 그 행위의 [목적격이 되는] 수용자(receiver)이기도 하다."[5]

옛날 희랍에 나타난 철학자들 가운데 중간태에 닮은 운명의 복합적 전개 양식을 이해하는 헤라클레이토스(B.C.E. 535-475)가 있었다. 그러

---

5) "What is middle voice?" *The Free Dictionary* by Farlex. https://www.thefreedictionary.com/ Middle-Voice.htm

나 그가 이해하는 능동과 수동 양극이 합류하는 운명의 복합적 전개 양식은, 배타적 동일률이라는 형식 논리에 집착하는 이후의 철학자들 곧 파르메니데스, 플라톤, 아리스토텔레스에 의해서 영원히 폐기되는 듯하다가, 뜻밖의 장면에서 부활의 기회를 맞이하고 있었다. 어떤 모양으로 부활하는가?

알렉산더 왕(B.C.E. 356-323)의 동방 원정 이후 번창했던 헬레니즘 문화권 안에서 중간태 동사의 쓰임이 발달했던 시대에 등장해 설교하던 나사렛 출신 예수의 메시지 가운데서 능동/수동이 함께 움직이는 양극합류의 논리가 다시 떠오르고 있었다.

이를테면 한 개인은 그가 스스로 행동한다고 생각하는데 이는 아직 드러나지 않은 '배후 초월자의 시킴 또는 감화'에 의해 그렇게 행동한다고 풀이할 수 있는 것이다. 엄밀히 들여다보면, 한 개인은 무슨 일이든 혼자 스스로 하는 것이 아니다. 아직 드러나지 않은 배후의 다 알 수 없는 조건들이 함께 하는 데서 한 개인이 하는 행위와 그 결과가 이루어지는 것일 수 있다.

———

그런데 '중간태'에서 옛날 희랍의 비극작가들이 예시하려고 했던 운명의 패턴은, 그렇게 능동과 수동이 합류하는 복합적 전개 패턴을 다시금 초월하는 저 너머의 경계에서 넘쳐오는 그래서 언제든 '예상할 수 없는 뜻밖의' 사태 앞에 놓일 수 있음을 암시하고 있었다. 그렇다면 이렇게 물어야 한다.

'중간태'가 함축하고 있는 '능동과 수동이 합류하는 운명의 복합적 전개 패턴'을 다시금 초월해서 움직이는 '최상의 행위자' X는 어떤 모양으로 다가오는가?

3.

수평/수직이 관계하는 셋째 계단

16세기 폴란드 출신 니콜라우스 코페르니쿠스(1473-1543)가 일으킨 세계관 혁명은, 세상의 철학자들과 그 밖의 모든 인류에게 그들의 관점 전환의 귀결이 어디를 향하도록 가리키고 있는가?

세상에 존재하는 무엇이든지 스스로 나타나고 사라지는 운명의 주체가 될 수 있는 것이 아니다. 모두 세계를 움직이는 참 주체 또는 중심의 주변을 맴도는 존재들이다. 나를 구성하는 어떤 정보도 형체도 다만 주변 존재로서 지니게 되는 '종속 변수'일 뿐이다.

그런데 출현과 소멸을 거듭하는 세상의 모든 것이 뿌리를 내리는 경계 너머에 추적 불가능한 절대 최상의 행위자 X가 있다. 그리고 출현과 소멸을 거듭하는 현상계의 모든 '형태 발생'이라는 수평적 관계 일체를 언제든 취소해 버리는 '형태 붕괴'라는 수직 관계의 힘을 행사하는 최상의 결정권자 X, 그의 패권은 인간이 추적해 따라가서 잡을 수 있는 '대상' 또는 '객체'가 전혀 아니다.

세상에 몸을 드러내 존재하는 모든 것을 향해 최상의 행위자 X가 수직으로 내려와 격파하는 패턴을 가장 원시적으로 나타내는 하나의 그림은 †이다. 20세기의 신학자 카를 바르트(1886-1968)는 이 그림으로 대표하는 사건을 다음과 같이 풀이했다.

> "[십자가 †] 안에서 두 세계가 만났다가 헤어지는데, 이는 기지의 것과 미지의 것 두 개의 차원이 교차하는 사건이다. … 기지의 수평 세계를 향해 미지의 존재가 위로부터 수직으로 가로질러 내려오는 것이다."(pp. 29-30)[6]

세상에 몸을 드러낸 생명의 존재들 이를테면 사람과 사람이 만날 때 이루어지는 일치/불일치, 능동/수동이라는 수평적 관계 안에서 만들어내는 사회체제 그리고 상호 소통의 언어는, 그들의 일상의 삶을 경영하는 데에 공통의 매체로서 쓰일 수 있다. 그러나 그렇게 수평적 일상의 차원에서 작동하던 매체는, 언제든 '막을 수 없는 뜻밖의' 사태 곧 수직으로 내려치는 영원의 전개 과정에 속수무책으로 붕괴 합류할 수밖에 없는 것이다.

영원은 현재에 대하여 어떤 관계에 있는가? 그 속수무책으로 겪을 수밖에 없는 (영원이 현재에 행사하는) 수직 관계의 침입을 막을 수 있는 세상의 존재는 없다. 수직의 관계는 수평 위의 모든 체계를 쉼 없이 허물

----

6) Karl Barth, *The epistle to the Romans*, trans. E. C. Hoskyns. Oxford: Oxford University Press, 1933, 1968.

며 다시 고치기를 요구한다. 영원은 현재의 모든 체계, 모든 존재에 대하여 수직의 관계로 침입하여 결국에 그가 이끄는 태초의 귀향길에 합류시킨다. 그리고 이는 매 순간 다가와서 겪는 일이기도 하다.

> "어느 순간에도 모든 존재하는 것들의 부재화(不在化)가 일어나고 있다. 그렇게 매 순간의 부재화로써 현재를 초월하는 새로운 삶을 산다. 땅위의 매 순간은 영원을 향해 자기 자신을 탈출하며 초월하는 삶이다."[7]

그래서 시인은 영원의 고향, 태초의 고향을 향해 아스라이 떠오르는 제 3 지대의 길을 안내하고 있었다.

> 고향의 봄 / 이원수
>
> 나의 살던 고향은 꽃피는 산골
> 복숭아꽃 살구꽃 아기 진달래
> 울긋불긋 꽃대궐 차리인 동네
> 그 속에서 놀던 때가 그립습니다
>
> 꽃동네 새동네 나의 옛고향
> 파란 들 남쪽에서 바람이 불면
> 냇가에 수양버들 춤추는 동네
> 그 속에서 놀던 때가 그립습니다[8]

---

7) 『야생의 진리』 고양, 경기: 사월의책, 2021. (218쪽) 참고.

시인의 추억에 떠오르는 고향은 여전히 울긋불긋 꽃피고 냇가에 수양버들 춤추는 산골 마을이다. 시간과 함께 멀어져가는 산골 마을의 추억은 언제나 그리워 달려가는 시인의 영원한 고향 … 제3 지대에서 떠오르는 태초의 고향, 태초의 쉼터이다.

---

8) 이원수, 『고향의 봄』 서울: 파랑새, 2013.

제3 지대에서 바라보는 세계

Σ7.
한국 민화(民畵)에 떠오르는 개체/무한의 '사이 이음'
─한국 말본(文法)으로 비롯하는 제3 지대의 관점이란?

1.

시인만이 자아 탈출, 자아 해탈의 길을 열어줄 수 있을까? 시인만이 꿈에도 그리는 '꽃피고 수양버들 춤추는 산골 마을'로 달려가는 귀향길을 보여줄 수 있을까? 왜 시인을 '말을 가지고 생각하는 이'(verbalizer)가 아닌 '그림을 떠올리며 찾아가는 이'(visualizer)라고 이해해야 하는가?

그렇다면 일상의 삶을 그리는 데 시인에 못지않게 순실(純實)한 화가들은 그들의 화폭에서 어떤 자아 탈출, 자아 해탈, 어떤 귀향길을 보여주고 있는가?

──────

한국에서 태어나 대학까지 다니고 40년을 타국에 살고 있는 화가 유부강은 자신의 '귀향을 향한 마음'을 다음과 같이 전하고 있다.

"고국에 갔다가 다시 미국으로 돌아오는 비행기에 몸을 실으면 나의 귀소본능은 길을 잃는다. 어디로 가는 게 나의 집으로 가는 길이고 어디로 가는 게 집을 떠나는 길인가. … 그리운 거처와 몽매에도 잊을 수 없는 고국을 오가며, 나의 노스텔지어는 어떤 방향의 귀로에서도 달래지지 않았다. 나의 노스텔지어는 어쩌면 나의 자궁이자 무덤인 자연을 향한 것일지도 모른다."(16-17쪽)[1]

결국에 유부강은 '인간의 눈에 비친 모든 것을 그려 넣어도 다 잡아넣을 수 없는' 그렇게 경계 없는 무한의 자연을 자신이 돌아가야 할 궁극의 귀향길로 이해한다.

그런데 한 걸음 더 올라가 기억할 수 없는 오래전부터 이 땅에 들어와 살던 조상님들이 대를 이어 떠올리며 그리워하는 그들의 오랜 귀향길로서 그려온 자연의 경관 그리고 그에 따르는 그들 고유의 미관(美觀)은 어떤 모양을 품고 있었을까? 이 땅에서 기억할 수 없는 오래전부터 뿌리내려온 고유의 자연관, 고유의 미관(美觀)에 관한 이 같은 물음에, 뜻밖에도 20세기 서유럽에서 이름을 떨치던 프리드리히 니체만큼 기막힌 풀이말을 전해주는 이는 없는 것 같다. 어떻게 그럴 수 있는가? 그의 풀이말은 다음과 같이 이어지며 마지막에 우리의 물음에 답을 안내해준다.

프리드리히 니체는 인도-유럽어에서 두드러진 구실을 하는 '주어'(主語)라는 문법적 개념으로 말미암아 믿게 되는 '허구(가짜)의 자아' '허구(가

풀이말

1) 유부강, 『Bukang Yu Kim 유부강 劉富江』 서울: 팔레 드 서울, 2017.

짜)의 실체'에 대해 다음과 같이 말했다.

> "실체(substance) [또는 자아]의 개념은, 주어(subject)라는 [문법적] 개념에서 유래하는 것이다. … 주어라는 [문법적] 개념을 없애 버리면 따라서 실체 [또는 자아]라는 허구[가짜]도 사라져버린다."(Bk III 485)[2]

그래서 니체는 실체, 자아, 주체, 그리고 '나' 같은 존재는 (문법적 허구에서 비롯하는 것이므로) 전혀 실재하는 것이 아니라고 말한다. 그러한 허구의 존재가 실재한다고 믿으며 그러한 허구의 존재론, 허구의 형이상학을 탐구해온 자기 이전의 철학자들을 니체는 비판한다. 그 대안의 진리로서 그는 행위 주체로서의 자아, '나'라는 가짜의 실체를 완전히 소멸시켜버린 '영겁 회귀'(eternal recurrence)를 그리고 나아가 그에 미달하지만 불교에서 말하는 '윤회'(reincarnation)까지도 다음과 같이 풀이하고 있다.

> "우리는 파괴자이어야 한다! … [다만 마지못해 자아 소멸로 들어가는] 단순한 해체와 불완전함 같은 허약한 자세에 대항해서 나는 [자아 소멸을 감행하는] 영겁 회귀를 내세운다."(Bk Two 417)[3]

> "불교는 [자아 소멸을 당하기만 하는] 나약한 허무주의이다. 그것은 수동적인 허무주의로서 나약함의 징표이다. 그것은 강건한 정신이 지쳐

---

2) 따온글을 옮김에서 약간의 풀이를 덧붙였음. Friedrich Nietzsche, *The will to power*, trans. W. Kaufmann & R. J. Hollingdale. New York: Vintage Books, 1968.

3) Friedrich Nietzsche, *The will to power*, trans. W. Kaufmann & R. J. Hollingdale. Vintagebooks, 1967.

서 소멸하는 것이다."(Bk One 23)⁴⁾

이렇게 니체는 행위 주체로서 가짜의 '자아' 가짜의 '나'를 완전히 소멸시킨 '영겁 회귀'를 내세우며, 주어 주체의 문법 체계 곧 인도-유럽어에서 비롯하는 허구의 존재론, 허구의 형이상학을 해체해 버린다. 그러면서 그는 주어 주체 개념이 발달하지 않은 우랄-알타이어 계통의 철학자들에게는 세계를 다르게 이해하는 가능성이 열려 있다고 다음과 같이 암시한다.

> "'주어 주체의 개념이 가장 덜 발달한' 우랄-알타이어 계통에 속하는 철학자들은 '세계를' 다른 모양으로 '들여다볼' 가능성이 대단히 높다."(Part One 20)⁵⁾

그리고 전혀 다른 계통의 철학적 배경을 지닌 20세기 철학자 버트런드 러셀도 그가 소속한 큰 흐름 곧 인도-유럽어가 강제하는 주어 실체의 문법 체계에 깃든 허구의 존재론, 허구의 형이상학을 비판하는 데서 니체의 분석에 다음과 같이 동의 합류하고 있다.

> "인도-유럽어계에서의 문장 구성법은 아주 다르다. 거의 어떤 문장이든지 주어와 술어가 계사에 의해 결합한다. 이런 문장 구조에 따라서 주어의 실체가 그에 속하는 술어 성질들로 이루어진다는 [허구의 존재

---

4) Friedrich Nietzsche, *The will to power*, trans. W. Kaufmann & R. J. Hollingdale. Vintagebooks, 1967.

5) Friedrich Nietzsche, *Beyond Good and Evil*, trans. R. J. Hollingdale. Penguin Books, 1973.

론 그리고 허구의 형이상학에 관한] 추론을 하게 된다."(p. 331)[6]

니체와 러셀은 그들 사이의 어울릴 수 없는 모든 차이점에도 불구하고, '어떻게 인도-유럽어의 주어–술어 문법이 허구의 존재론, 허구의 형이상학을 만들어내는가?' 라는 같은 질문을 집요하게 천착해서 각각 새로운 세계관의 비전을 제시하는 데에 이른다. 주어가 주축이 되어 술어 또는 풀이말들을 거느리는 인도-유럽어의 문법은 '주체' '자아' '나'라는 허구의 존재론을, 따라서 '속성들을 거느리는 주체' '현상 너머의 실체'라는 허구의 형이상학을 만들어낸다고 니체와 러셀은 풀이했다.

그런데 이처럼 20세기 이전 이후에 서구철학의 새로운 방향을 모색하던 철학자 프리드리히 니체와 버트런드 러셀에게서 나타난 이러한 반성과 비판에 귀 기울이는 가운데, 역시 그들보다 기억할 수 없는 오래 전부터 내려오는 '임자말(주어) 생략'이라는 한국 말본(文法)의 관행과 그에 따르는 '주체 사양(辭讓)'의 관점이 하나의 새로운 (존재론을 포함하는) 세계관으로 떠오르고 있음을 바라보게 된다.[7] (240202)

2.

프리드리히 니체가 다른 문법 계통에 소속하는 철학자들에게 기대하

---

6) Bertrand Russell, "Logical atomism," *Logic and Knowledge*. London: George Allen & Unwin,1956.

7) '임자말 생략' '주체 사양에 관한 가능한 풀이말의 실험을 아래의 마디글 2.의 "한국 민화(民畵)에서 귀의함에 따르는 소속감 아래에서 움직이는 뿌리에 관한 풀이말"에서 참고.

는 바 '임자말 생략'과 그에 따르는 '주체 사양(辭讓)'이라는 새로운 세계관은, 과연 어떤 모양으로 한국 전통 고유의 자연관 그리고 그에 따르는 미관(美觀)에서 표현되고 있는가? 한국 전통 고유의 화가들이 이어가고 있는 오랜 역사의 맥을 찾기 위해 권영필 교수는『실크로드 미술』에서 다음과 같이 말하고 있다.

> "한국미술에 두드러지고 있는 소박성은 어떻게 보아야 할 것인가. 한국의 청동기 미술 이래로 연결되는 북방 중앙아시아 미술문화와의 친화력과, 실크로드를 통한 서방미술품의 유입이라는 특이한 상황과 함께 오늘날의 고고학적 지평이 열어나가고 있는 것처럼 그 문화의 담지자(擔持者)들이 고신라(古新羅)에서 지배계층화 되었을 가능성에 대한 고려가 우선 필요하다. … 나아가 한국미술에 나타난 소박적 특성이 중국미술과의 접촉에도 불구하고 여전히 유지되고 있는 사실은 흥미 이상의 일이라고 말할 수 있다. 조선조(朝鮮朝) 미술의 전반을 지배하는 소위 '무계획적인 계획'의 미학은 '소박' 자체라고 보아도 좋을 것이다. 이와 같은 지속성의 의미에서 이때의 소박성을 소박주의라고 부르게 된다."(6쪽)[8]

그리고 권영필 교수는 "Heritage from Central Asia to Korea: Naïveté Art"라는 마지막 영문 요약에서 한국 미관(美觀)에 전해진 '소박미'(素朴美)를 다음과 같이 정의하고 있다.

> "소박함이란 고전주의에서 말하는 이상적 완벽함에 비해서 '불완전함'

---

8) 권영필,『실크로드 미술』서울: 열화당, 1997.

을 뜻하는 것이 아니다. 소박함이란 그 자체가 고유한 스타일이다. 그것은 중앙아시아 예술의 독자적인 스타일이다."(p. 284)[9]

중국 문화와 사상으로부터 지배적 영향을 끊임없이 받아온 역사의 흐름 가운데서도 이처럼 사라지지 않고 있는 한국미술의 고유한 특성은 무엇이라고 정의해야 하는지에 대한 탐구는 오늘까지도 이어지고 있다. 그러한 탐구의 맥을 이어가는 이우환 교수는 오래된 한국 민화(民畵)의 특성을 다음과 같이 정리하고 있다.

> "일찍이 고유섭이 '무계획의 계획' '무기교의 기교'라고 부른 이 중성적 (中性的)인 화법이야말로 이조(李朝) 화가의 재능이며 그들이 타고난 천부의 바탕이라 할 것이다. 대상의 존재성에 육박하거나 필력 자체에 의미를 부여하지 않고, … 중국의 그것과 견주어 보건대 존재에 대한 확신이 없고 화필에 뼈대가 없으며 필세가 약하기 때문에 구도나 선 (또는 점)은 무성격이자 무형태이며 둘레의 성격은 엷어, 투명하고 밑 빠진 윤곽이 드러날 뿐이다. 그렇기 때문에 그림을 보는 사람은 거기에 시선을 모아도 정말은 아무것도 볼 수가 없다. 선은 구체적으로 아무것도 잡아나꾸지 못하고 있으며 저항감 있는 그 자체의 성격을 나타내고 있지도 않다."(38-39쪽)[10]

'대상의 존재성에 대한 확신이 없고' '그림이 드러내려는 자체의 성격을 잡을 수 없다는' 감상은 한국 민화(民畵) 배후에서 무슨 접근법이 움

---

9) 권영필, 『실크로드 미술』 서울: 열화당, 1997.

10) 이우환, 『李朝의 民畵』 서울: 열화당, 1977, 1995.

직이기 때문일까? 중국 문화와 사상 전통에 그렇게 오래 함몰되었었음에도 한국 민화는 무엇에 의해 그 같은 특이성을 유지하고 있었는가?

그런 민화의 변함없는 고유한 특이성은, 겉보기에는 아주 저급한 풍속이라 할 만큼 무자각 무책임한 듯한 그때의 민속 화가들 사이에 떠도는 이야기 가운데서도 드러나고 있다.

> "방랑 화가는 … 그다음 집에서도 '우리도 저 집과 같은 것을 그려 달라'고 하는 부탁을 받기가 일쑤였다. 그리고 또 다음 집에서도 비슷한 것을 부탁받는 것이다. … 그들은 새로운 것, 낯선 것, 개성적인 것을 원치도 않고 즐겨 하지도 않는다. 모두가 동족이고 서로 닮았다는 데에 안도감을 찾으며, 서로의 생각이 일치하고 있다는 것이 확인될 때 감동한다. 그들에게 있어 예술도 그와 같은 공동성을 불러일으키는 매체이며 그 확인을 다짐하는 의식인 것이다."(44-45쪽)[11]

개성적인 것을 원치도 않고 서로 함께하고 있다는 데서 안도감 또는 편안함을 얻는 이유는 어디에서 비롯하는 것인가? 혹시 따돌림을 두려워하게 만드는 정치문화 분위기에서 비롯하는가? 아니면, 그들의 안도감과 편안함은 한국 말본(文法)에서 오랜 세월을 거쳐 일구어온 '임자말 생략' 곧 '주체 사양'의 세계관에 연결되는 것인가?

이렇게 이어지는 물음에 대하여 '임자말 생략' '주체 사양'을 일구어내게 하는 문법 곧 우랄-알타이어 계통의 문법과 그 세계관에 유의했던

---

11) 이우환, 『李朝의 民畵』 서울: 열화당, 1977, 1995.

프리드리히 니체가 발휘한 바와 같은 저 뛰어난 풀이말을 제안한 이는 이전 이후 어디에도 없었다.

한국의 민화(民畵), 한국의 미관(美觀) 아래에 흐르는 의식의 바탕에는, 그들의 '자아' '주체'라는 것을, 자연이 펼치는 무한 영원한 시나리오에 참여하는 한 조각의 분신 x로서 자처 귀의하는 편안한 소속감에 뿌리를 두고 있지 않은가? 그런 귀의함에 따르는 소속감의 뿌리를 다음과 같은 한국 말본에 관한 풀이말이 대변해 줄 수 있다.

한국 민화(民畵)에서 귀의함에 따르는 소속감 아래에서 움직이는 뿌리에 관한 풀이말
－영원의 한 조각 x가 무한 영원의 초월자 X를 향하는 귀의 귀향의 관계

"한국말에서는 어떤 발상이 지배하기에 그로 비롯하는 실체 또는 존재 탐구의 철학사가 이루어지기 어려웠던 것일까요? 한국말에서는 이른바 주어 또는 임자말이라는 것을 생략하는 문장 구조가 허용되고 있습니다. 따라서 주어 또는 임자말 자리에 아무것도 놓지 않고 그 자리에 있다고 상정하는 그것에 어떤 이름이나 정체성을 매길지 결정할 수 없는 상태를 미지의 x로 기억하며, 그것이 보여줄 것들을 시간의 흐름 가운데서 기다리는 태도가 한국말의 문장관을 지배한다고 볼 수 있습니다. 미결의 상태에서 숨을 죽이고 있는 미지의 x가 보여줄 움직임을 그렇게 기다리고 있기 때문에, x에 대한 판단을 마무리할 술어 곧 풀이말의 마디들을 x가 보여줄 모양에 맞춰 굴절시키려고 맨 뒤에 놓는 전략을 택하는 게 아닐까? 라고 생각할 수 있습니다. 그리고 마지막 판

단이 이루어져도 여전히 현재의 사태와 상황의 뿌리에서는, 깊은 속에 잠긴 영원의 한 조각 분신 x가 무한 영원의 초월자 X를 향하여 귀의(歸依) 귀향(歸鄕)하는 관계를 몸으로 대행하고 있는 것입니다."(85쪽)[12]

여기서 '임자말 생략' 관행에서 비롯하는 한 갈래 생각 곧 '주체 사양(辭讓)' 그리고 그렇게 자기 자신을 무한의 자연으로 사양 반환하는 '절대 환원'에 따라 이루는 편안한 소속감이 드러난다. '주체 사양'과 '절대 환원'에 따르는 편안한 소속감은, 인간이 한 개체 존재로서 발휘할 수 있는 온갖 기교를 털어버리는 '소박한 마음'을 대변한다. 이렇게 소박한 마음으로 그림을 그린 이들이 이우환 교수가 말하는 조선 시대의 민화가들이다. 이는 인간의 온갖 기교를 털어버린 민화가들이, 화폭에 그 전체를 담기에는 절대 불가능한 무한의 자연을 향해 그 한 조각 분신(分身) x로서 귀의(歸依) 귀향(歸鄕)하는 마음을 표현하는 것이다.

그들은 그 전체를 화폭에 담기에는 절대 불가능한 저 무한의 자연을 향해 인간 주체로서 접근하는 온갖 기교를 포기하는 '주체 사양'과 그로 비롯하는 무한의 자연으로의 '절대 환원'에 입문한다. 이는 한 자아 존재가 자기 자신의 타고난 영원의 한 조각 개체성을 어떻게 다스릴 것인가? 라는 과제 앞에서 한 갈래 열외자(列外者)들의 접근법 곧 (동양과 서양 어떤 문명권에도 합류하지 않는) 제3 지대의 한 스타일 곧 '주체 사양'과 '절대 환원'을 따르고 있음이다.

이렇게 한 갈래 열외자(列外者)들의 접근법 곧 제3 지대의 한 스타일에

---

12) 『x의 존재론』 고양, 경기: 사월의책, 2017.

서 가능한 '주체 사양'과 그로 비롯하는 '절대 환원'에 대조적으로, 현대의 도시 문명권 안에서 이루어지는 '상대 환원'—이를테면 중국전통의 '집체부쟁'(集體不爭) 아니면 서구전통의 '정체쟁의'(正體爭議)라는—관계식에 따라 인간 자아의 개체성 다스림의 모양이 달라질 수 있다. 이같은 '상대 환원'의 관계식은 상호 일치와 불일치, 치열한 경쟁과 대결로 이루어지는 도시 문명의 생존 양식을 펼치게 한다.[13]

그러나 한 갈래 열외자들의 제3 지대에서는 '주체 사양'과 '절대 환원'이라는 생존 양식이 발생하는 것이다. 이 같은 제3 지대의 생존 양식인 '절대 환원'에서—물론 자아 주체성을 사양하지만—한 사람은 결코 자신의 타고난 영원의 '한 조각 분신(分身)'으로서 지니는 개체성 x'를 소멸 희생시키는 일은 일어나지 않는다.

3.

여기서 도시 문명의 체제와 그 '상대 환원'의 생존 양식을 벗어난 제3

---

13) "서로 다른 類의 자아 개체들의 정체쟁의(正體爭議)의 틀이거나 집체부쟁(集體不爭)의 틀이거나 그것들은 수천 년 동안 각기의 도시 문명권 안에서 그들의 통치 체제와 생존 양식이 지향하는 준거의 틀로서 발전해 온 것으로 볼 수 있다."(164쪽)

"서로 다른 類의 자아 개체들 사이에 수평적으로 얽히는 모순 대립국면을 어떤 쟁의(爭議)의 논리로 또는 어떤 부쟁(不爭)의 논리로 해결할 것인지를 모색한 수많은 대안들의 계열로서 고대 중국의 先秦 및 고대 희랍철학사가 이루어졌다. 격렬하게 대결하는 類의 자아 개체들이 도시 또는 국가체제 안에서 구축하는 논리 형태는 그것이 쟁의의 것이든 부쟁의 것이든 간에 생명이 부딪치고 적응해야 하는 무한의 자연 또는 초월자 X에 대해 공격적이거나 폐쇄적이다."(166쪽) 『안티 호모에렉투스』(2001년 초판) 고양, 경기: 사월의책, 2017.

지대에서 어떻게 한 갈래 열외자들의 생존 양식 곧 '절대 환원'이 발생하는지 그 유래를 확인할 필요가 있다. 이 같은 제3 지대의 생존 양식은 어떻게 발생하는가?

한국미(美)의 전통을 다양한 시각으로 모색하는 대표적인 저술 가운데서 조요한 교수는 다음과 같이 한국미에 내재하는 세계관을 소개하고 있다.

> "[『한국미의 탐구』의 저자 김원용]은 '조선 정원(庭園)의 진면목은 서울의 북악산록에 있는 칠궁의 후원에 있다'고 쓰고 있다. 그것은 북악산의 산기슭 일부에 담을 돌려서 칠궁 안으로 연결시켰을 뿐이다. 무위자연(無爲自然)이라고 할까. … 실로 한국 정원에서는 자연 전망이 좋은 자리에 한 칸 초당을 짓고 그곳에서 내다보는 자리가 '좋은 정원'이다. 그래서 한국인은 명당자리를 찾는 것 같다. 노자(老子)는 '만물을 애양하면서도 주인이 되지 않으면(不爲主) 가히 이름하여 크다고 할 수 있다.'(『노자』 제34장)라고 했는데 … 인공을 가하지 않고, '내 것'이라고 주장하지 않을 때, 위대한 자연미가 나타날 것이다. 그것이 '소박한 상태로 돌아가는 것'(復歸於樸)이 될 것이다."(255쪽)[14]

그렇다면 많은 한국미 탐구자들이 한국미의 정수를 '소박미'로 이해하고 있는데, 그 소박미의 뿌리가 '무위자연'(無爲自然) '불위주'(不爲主)하는 노자의 『도덕경』에서 비롯하는 것으로 소급시킬 수 있다는 말인가?

이어서 조요한 교수는 이 같은 한국미의 도가적(道家的) 해설을 이렇게

---

14) 조요한, 『韓國美의 照明』 파주, 경기: 열화당, 1994, 2004.

다시 확인하고 있다.

> "한국미의 진수는 잔재주를 부리지 않고 마음을 비우는 제작의 태도에 있다. 잔재주를 부리지 않고, 노자의 '무위자연'(無爲自然)이나 불가 (佛家)의 '있는 그대로'(yathabhutam)가 한국의 고졸미(古拙美)를 낳았 다."(341쪽)[15]

과연 한국미의 진수를 이렇게 중국 아니면 동아시아 전통 가운데서 수 렴 설명할 수 있는가? 대체 한국미에서는 한국 전통 고유의 세계관이 움직임을 발견할 수 없는가? 한국 전통 고유의 세계관은, 이를테면 도 가(道家), 불가(佛家), 유가(儒家)로 이루어지는 동아시아 특히 중국전 통에 소속하는 한 부분일 뿐인가?

그럼에도 조요한 교수는 한국의 오랜 역사를 이루어온 조상들이 대대 로 겪으며 남긴 원시의 삶과 체험이 현재에도 살아 움직이고 있음을 잊 지 않고 있다.

> "… 서북 아시아에서 한국인 조상들이 아득히 먼 옛날 그곳을 출발하 여 오랜 유목 생활을 하면서 시베리아를 통과하는 대장정 끝에 한반도 에 도착했던 것이다. 그들은 무속 신앙(shamanism)에 의지하여 살아왔 다. 이 무속 신앙은 인간 영혼이 육체를 떠나 하늘에 오르기도 하고, 죽 은 자와 영적으로 교통할 수 있다고 믿는다."(328쪽)[16]

---

15) 조요한, 『韓國美의 照明』 파주, 경기: 열화당, 1994, 2004.

16) 조요한, 『韓國美의 照明』 파주, 경기: 열화당, 1994, 2004.

그렇다면 이 같은 무속 신앙 그리고 다시 바탕으로 내려앉은 민속 신앙의 오랜 뿌리는 그 고유한 특이성을, 과연 중국 문명과의 접촉 가운데서 어떤 모양으로 유지하며 표현하고 있었을까? 아니면, 이 무속 신앙 나아가 민속 신앙의 깊은 뿌리는 중국 문명으로부터 전수된 도가(道家), 불가(佛家), 유가(儒家) 전통의 세계관 가운데로 흔적도 없이 사라져 버리고 말았는가?

다시 그렇다면, 북방의 유목 생활에서 흘러들어온 오랜 무속 신앙 그리고 나아가 민속 신앙의 뿌리는 현재를 살아가는 한국 사람들에게 어떤 모양으로 어디에 남아 있는가?

아니다. 한국 사람들이 21세기 오늘에 이르기까지 동서양 문명 전통과 체제가 강요하는 세계관에 그렇게 흔들리면서도 그 가운데 열외자(列外者)로서 지켜온 제3 지대의 세계관 곧 '주체 사양'과 '절대 환원'의 뿌리는 바로 오랜 세월을 거쳐 내려오는 민속 신앙의 생존 양식에서 접근 확인할 수밖에 없다. 그 오랜 민속 신앙의 생존 양식 자체가 고대의 도시 문명과 그 체제가 강요하는 인문주의(人文主義) 세계관을 일관되게 벗어난 열외지대(列外地帶) 곧 제3 지대에서, 의연히 하늘과 그 주관자에게로 '주체 사양' '절대 환원'하는 행사이며 행위이기 때문이다.

그리고 '주체 사양' '절대 환원'을 한다고 해서 한 사람의 타고난 영원의 한 조각 개체성 x는 결코 사라지거나 해체되는 것이 아니다. 오히려 도시 문명에서 발원한 '상대 환원'의 생존 양식을 강제할 때 사람들은 각기의 타고난 '개체성' x를 서로 충돌 절충하는 소용돌이 가운데로 상실하거나 희생할 수밖에 없게 된다.

―――

그래서 『한국미술의 자생성』이라는 큰 연구 기획에 참여하는 22인 작가의 다양한 논의 가운데서 한국의 민예(民藝) 작품이 품고 있는 각기의 타고난 개체성의 확인 장면을 만날 수 있다.

> "조선백자뿐만 아니라 조선초의 분청사기에서도 그 같은 측면을 발견하게 된다. 그때에는 이른바 귀얄자국이란 것이 새겨졌다. 그 귀얄자국은 일종의 붓 자국으로 인공무늬라기보다는 바람이나 물의 파장처럼 자연이 생성시킨 것 같은 느낌을 준다. … 귀얄과 아울러 여러 추상적 무늬를 볼 수 있는데 그 무늬란 한사코 정형화되기를 거부한다."(615쪽)[17]

왜 정형화되기를 거부하는가? 도시 문명이 강요하는 '상대 환원'의 생존 양식은 그 체제 통치의 필요에 따라 정형화 또는 법제화를 전제로 한다. 그러나 도시 문명의 영향권 밖으로 벗어난 제3 지대의 생존 양식에서는 정형화 또는 법제화를 거부하는 개체성이―저 '귀얄자국'처럼[18]―살아 움직인다.

우리는 지구 위 2, 3천 년 문명권의 양극을 이끌어온 서구전통 아니면

---

17) 서성록, "한국미술의 비교미학적 고찰,"『한국미술의 자생성』최몽룡 그 외 지음. 서울: 한길아트, 1999.

18) "귀얄(풀비) 같은 넓고 굵은 붓으로 형체가 완성된 기면(器面) 위에 백토(白土)를 바르는 기법을 일컫는다. … 이 때 보이는 귀얄자국에서는 빠르고 힘찬 운동감을 느낄 수 있는데, 이는 어떠한 조형 계획이나 의도에 따라 만들어진 것이 아니고 제작자의 필치(筆致)와 붓의 흐름에 따른 자연발생적인 것이다."『한국민족문화대백과사전』에서 "귀얄 技法" 참고.

중국전통이 그 기한을 다해가고 있는 터 밖에 제3 지대에 소속한 여러 곳에서 개체성 해방의 생존 양식이 펼쳐지고 있음을 본다. 수천 년의 뿌리를 이어가는 한국의 민예 작풍(作風)과 민속 신앙이 그러하며 또한 2천 수십 년 전 로마제국 통치 아래 한 작은 마을 목수의 아들로 태어난 예수가 개개인으로 하여 영생을 얻으며 천국으로 향하는 길을 안내함에서도[19] 그러하다.

이처럼 한국민예 작풍(作風) 깊은 아래에는 고대 도시 문명권에 흡수되기를 거부하는 한 갈래 열외자(列外者)들의 제3 지대 생존 양식 곧 한국 전통 고유의 민속 신앙이 움직이고 있었다. 그렇게 민속 신앙은 사람들 각기의 타고난 개체성이, 도시 문명권 구성원들의 고집스러운 '자아 주체를 사양하며' 하늘나라로 '절대 환원'하는 귀향길을 안내하고 있었다. 이같은 '주체 사양' '절대 환원'을 구현하는 한국민예 작풍(作風)을 다음과 같이 정리하기도 한다.

> "인간은 물론 모든 만물의 순연한 본질로 회귀하려는 비(非)-인위적인 형태로 조형화함으로써 천(天)에 대한 자연신관적(自然神觀的) 조형 의식으로의 표상을 이루게 된다. … 이에 대한 여러 학자들의 견해나 연구 시각은 많이 있으나 간추려 보면, 대상을 있는 그대로 파악 재현하려는 자연[천(天)에의 회귀]주의요 철저한 '아'(我)의 배제이다."(570쪽)[20]

---

19) "그는 그때 이미 수천 년 유대 민족 전통의 신앙체제와 제도가 그 기한을 다해가고 있을 때, 한 변방 지대인 갈릴리의 작은 마을에 목수의 아들로 태어났다. 그는 당대의 체제와 제도에 소속할 수 없는 그래서 무시당할 수밖에 없는 제3 지대의 아들 곧 '하나님의 아들'이었다." 아래의 마디글 7. 참고.

20) 최병식, "한국미술에 있어서 무작위적 미감의 사상적 근원," 『한국미술의 자생성』 최몽룡 그 외 지음. 서울: 한길아트, 1999.

———

그리고 이렇게 '주체 사양'("아我의 배제")과 '절대 환원'("자연[천天에의 회귀]주의")이라는 제3 지대의 생존 양식이 여전히 현대 문명권 밖에서 어떻게 이루어지고 있는지 보여주는 생생한 사례를, 54세에서 108세에 이르는 4명의 시베리아 샤먼들을 직접 면담한 한 연구자의 보고에서 확인할 수 있다.

> "시베리아의 샤먼은 소련[그 문명 체제와 정권]의 압력 때문에 거의 멸종 상태에 놓여 있다. 이런 상황에서도 샤먼에 대한 조사를 할 수 있었던 것은 다행스런 일이었다.(418쪽) … 이들은 [수렵과 채집 같은] 자연 상태의 삶의 형태를 가지고 … 문명의 체제와 거리가 멀리 유지되는 사회[생존 양식]에 해당한다.(468쪽)"[21]

4.

그러므로 한국 고유의 전통에서 이루어진 작품과 그 작가에 관련해 다음과 같이 해설 소개되는 (평론가 자신의 견해일 수 있는) 한국의 미관(美觀) (1) (2) 가운데는 다시 다듬어져야 할 부분이 있다고 보아야 한다.

> (1) "여기서 그[야나기 무네요시]가 무명의 도자기를 두고 무작위, 무심, 무의식, 자연으로의 귀의 등으로 말하는 것은, 분명히 인본주의적인 서구 근대 천재주의 입장에서 보면 당치도 않은 발상이다. 그것은

---

21) 이정재, "시베리아 샤마니즘과 한국 무속," 『比較民俗學』 第14輯. 1997. 417-475쪽.

주관과 객관, 신과 인간, 자연과 인간 등 서구 이원주의에 입각하여 모방, 표현, 상징 등으로 이해되는 미적 특질 차원의 차이 정도가 아니다. 근본적으로 존재론적으로 상이한 전제 즉 불이론(不二論)에 기초하고 있기 때문이다.

… 현실 초극이나 상승을 목표로 하는 서구의 이원론이 아니라 '무'(無) '공'(空)의 자각에 바탕한 동양적 불이론(不二論)에 기초한 그의 민예 이론은 최고의 미적 가치는 성스러움이 아니라 오히려 속세의 생활 속에 흐드러진 '잡기'(雜器) 같은 것들의 아름다움에 주목한다. 이때 서양미학에서 보면 대단히 낯선 개념들, 예컨대 '평범' '일상' '건강' '자연' '불이'(不二) '무사'(無事) '평범' '소박' … 등은 상당히 새로운 지평에서 미학적 지위를 얻는다."(89-90쪽)[22]

일상에서 흔히 볼 수 있는 무명의 도자기 같은 잡기(雜器)에서 발견하는 한국 고유의 미관이, '무'(無) '공'(空)의 지각에 바탕한 동양적 '불이론'(不二論)에서 비롯한다고 말할 수 있는가? 다만 '무작위, 무심, 무의식, 자연으로의 귀의'로써 한국 고유의 미관을 대변할 수 있는가? 이는 프리드리히 니체가 암시 기대하는 바와 같은 '임자말 생략' '주체 사양'이라는 한국 고유의 세계관과 그에 따르는 미관(美觀)에 대해 전혀 무관심 무지(無知)한 채로 있음이다.

그러므로 '임자말 생략' '주체 사양'을 한다고 해서, 이는 '존재론적 불이론(不二論)'을 뜻하는 것이 아니다. 한국 말본이 이끄는 '임자말 생략' '주체 사양'의 존재론에서 주어 주체는 한 조각 분신 x로서 언제나 그

---

22) 이인범, "야나기 무네요시: 영원한 미, 조선의 선(線)에서 발견하다," 권영필 외 지음, 『한국의 美를 다시 읽는다』 파주, 경기: 돌베개, 2005.

너머에서 움직이는 무한 영원의 초월자 X에 회귀 귀향하는 관계를 유지한다.[23]

동양적 불이론(不二論)은 중국전통에서 구성원 각기의 타고난 개체성을 소멸하는 '집체주의'(集體主義)를 지향하고 있지만, 한국 말본에 따르는 '임자말 생략' 주체 사양의 존재론은, 무한 영원의 초월자 X를 향해 귀속 귀향하는 '한 조각 분신 x로서' 지니는 현실적 개체성을 말살하지 않는다.

여기서, 니체가 자아 주체라는 개체성을 완전히 소멸시키며 (여전히 파르메니데스, 플라톤에서 비롯하는 서구전통의 세계관을) 주장한 그의 '영겁회귀'에서 간과했던, 제3 지대의 한 스타일 곧 무한 초월하는 X의 분신으로서 개체성 x가 되살아나고 있다.[24]

> (2) "붓과 내가 또는 화선지와 내가 둘이 아니라 하나가 되어야 한다는 신념을 옛사람들은 선(禪)이니 무념(無念)이니 또는 무위자연(無爲自然)이니 하는 말 따위로 요약했다.
> 이 말은 그림 그리는 화가 자신(몸)이 곧 기이며 따라서 몸의 연장인 붓이나 종이, 나아가 그곳에 그려지는 어떤 것(대상)도 그 우주적 기와 하나의 몸체라는 뜻이다. 이런 경지에 도달하기 위해서는 화가가 그림을 그리기 전에 이미 인격적으로 상당한 수양이 되어 있어야 하며 자연이나 세계를 보는 눈이 달관의 경지에 있어야 한다. 그래서 문인들

---

23) 위의 마디글 2.에서 "한국 민화(民畵)에서 귀의함에 따르는 소속감 아래에서 움직이는 뿌리에 관한 풀이말" 참고.

24) 한국 고유의 세계관, 미관에서는 어떻게 자아 고유의 개체성이 되살아나고 있는가? 아래의 마디글 5.에서 다시 풀이함.

은 논어[八佾篇]에 있는 '회사후소'(繪事後素)[25]라는 말을 즐겨 사용했다."(28-29쪽)[26]

한국 고유의 회화가 보여주는 화풍을, '선'(禪) '무념'(無念) '무위자연'(無爲自然)에 이른 수양의 단계에서 아니면 유가 전통의 문인들이 즐기는 '회사후소'(繪事後素)의 경계에서 발현 모방하는 것으로 대변할 수 있는가? 이 또한 한국 고유의 세계관 그리고 미관(美觀)이, 다만 선가(禪家) 도가(道家) 유가(儒家)와 같은 중국전통에서 비롯하는 것이 아니라는 사실(史實)을 외면하고 있음이다.

5.

이처럼 선가(禪家) 도가(道家) 유가(儒家)로 이루어지는 중국전통에서 아니면 니체의 '영겁 회귀'에 이르기까지 파르메니데스, 플라톤이 이끌어온 서구전통에서, 사람들 각기의 타고난 개체성은, 그가 소속한 도시 문명과 그 사회 체제 안에서 펼쳐지는 상호 일치와 불일치, 경쟁과 대결의 사태에 대응하기 위한 상대적 조정 또는 상대적 환원의 준거 틀—이를테면 '집체부쟁'이나 '정체쟁의' 같은 범주 체계에 의해 다스려질 수밖에 없는 것이다.

---

25) 문인들의 회화를 설명하는 '회사후소'(繪事後素)에 대해서는 다음의 글을 참고함. 조송식, "동아시아 예술론에서 유가 文質論의 수용과 변환," 『융합의 시대, 동아시아 '유교미학'의 활로를 찾다』 성균관대학교 유교문화연구소, 국립국악원, 2016.1.23.

26) 박용숙, 『한국화 감상법』 서울: 대원사, 1992, 1996.

이렇게 상호 일치와 불일치, 경쟁과 대결의 관계가 벌어지는 도시 문명과 그 사회 체제 안에서, 사람들 각기의 타고난 개체성은 억압되거나 간과되고 소멸하기까지 한다.

따라서 도시 문명을 구축하는 체제와 제도의 범위 안에서는, (경계 없는) 무한의 자연과 (사람들 각기의 타고난) 개체성 사이에 이루어지는 '귀속(歸屬) 귀의(歸依) 관계' 곧 '사이 관계' '사이 이음' 같은 것은 추구와 탐구의 목표가 될 수 없다.

여기서 '귀속(歸屬) 귀의(歸依) 관계'란 어떤 유(類)의 '사이 관계' '사이 이음'인가? 유럽의 현대 철학자 마르틴 하이데거의 예술론에서 보이는 '사이 관계'를 세밀히 분석하고 있는 김동규 교수는 에필로그(epilogue)에서 다음과 같은 비판적 전망을 남기고 있다.

> "… [하이데거이든 니체이든] 그들의 반성은 결국에는 서구 문명 내부의 자기반성일 뿐이다. 평생 이 문제로 씨름했던 박동환의 지적처럼, 중국 문명과 마찬가지로 서양 문명은 자신을 언제나 중심이라고 이해했지 주변자로 이해한 적이 없다. 그러나 그 문명의 주변인 혹은 이방인의 시각에서 보면, 그들의 그런 내적 반성에는 분명한 한계가 존재한다."(304쪽)

> "여기에는 … 하이데거와 함께 서구 전통을 신랄하게 비판했던 니체와 데리다, 들뢰즈와 레비나스 등등의 철학도 포함될 것이다. … 그리고 궁극적으로는 이 작업을 통해 언젠가 도래하게 될 동-서 문화(예술/철학)의 진정한 만남, 그 미래적 '사이'를 모색하게 될 것이다. 그렇다면

먼 훗날 우리의 화두는 다시 '사이'로 돌아갈 것이다."(305쪽)[27]

그런데 그 새로운 모양으로 떠오를 '사이' '사이 관계'는, 동서 문명과 그 철학 전통 밖에 놓인 '주변 지대' 곧 제3 지대에서 이루어지는 어떤 사태이다. 그 제3 지대에서 이루어질 사태로서 '사이' '사이 관계'에는 주체 존재로서의 인간 그리고 그의 언어가 개입할 여지가 없을 것이다. 왜냐하면 주체 존재로서의 인간도 그의 언어도 이미 동서 문명의 발상에 앞서 백 수십만 년 전에 출현했던 호모에렉투스가 남기고 간 돌도끼와 나무창과 같은 유(類)의 '사이' 매체에 지나지 않는 것이기 때문이다. 말하자면 주체 존재로서의 인간도 그의 언어도, 인류의 문명 그리고 보다 오래된 호모에렉투스의 돌도끼나 나무창과 함께 반성 폐기되어야 할 대상일 뿐이다.

그렇게 인류 문명과 그 철학 전통 그리고 그런 전통의 원조(元祖) 호모에렉투스의 삶에서 움직이던 사이 매체들을 반성 폐기한 자리 곧 제3 지대에서 비로소 새로운 '사이 매체' '사이 관계'가 모습을 드러낼 것이다.

———

그렇다면 제3 지대의 한 스타일로서 한국 민화 고유의 전통에서 사람들 각기의 타고난 개체성은 어떻게 살아 움직이는가? 여기서 인간의 자아 존재, 자아 주체는 그가 소속하는 경계 없는 무한의 자연을 향해 그의 한 조각 분신(分身)으로 귀속 귀의함으로써 인간의 자아 존재, 자

27) 김동규, 『하이데거의 사이-예술론』 서울: 그린비, 2009.

아 주체를 폐기 사양하는 편안한 소속감을 지니게 된다.

그러니까 인간 존재 각각에 고유한 개체성은, 제3 지대에 소속하는 한 갈래 한국 민화 전통에서 경계 없는 무한의 자연에 귀속 귀의하는 한 조각 분신(分身)으로서 지니는 편안한 '사이 관계' '사이 이음'을 그림으로 이루는 데서 완성된다.

그래서 이를테면 문명권 전통 양식의 사례에서, 니체가 자신이 주장하는 '영겁 회귀'에 따라 인간 존재의 고유한 개체성을 완전히 소멸시켜 버린 것은, 역시 파르메니데스, 플라톤으로부터 비롯하는 '상대 환원'이라는 한 갈래 서구전통의 일관된 세계관에 여전히 소속해 있음이다. 니체는 자신이 그렇게 관심을 기울였던 우랄-알타이어 계통에서 가능한 '임자말 생략' '주체 사양' 그리고 그에 따르는 '절대 환원' 깊은 아래에서 흐르는 편안한 소속감을 이해하며 더 나아가 '무한의 경계 곧 영원을 향해 그의 한 조각 분신으로 귀의 귀향하는' '사이 관계' '사이 이음'에는 이르지 못한 것이다.

왜 자아의 해탈과 귀향의 여정을 이끄는 시인을 '그림을 떠올리며 찾아가는 이'(visualizer)라고 이해했는가? 왜 그림을 떠올리며 찾아가는 시인이 자아 해탈과 귀향의 여정을 이끄는 안내자일 수 있었는가?

  "시인의 마음에서 펼쳐지는 고향의 추억은 박제된 언어로는 그릴 수가 없다. 그러나 시인은 그림을 그리듯이 시를 쓴다. 시인은 '그림을 떠올리며 찾아가는 이'에게 펼쳐지는 영상 그 이미지를 구사할 수 있다. '그림을 떠올리며 찾아가는 이'는, 박제된 개념과 범주 체계로는 잡을 수 없는 추억의 그림을 떠올리며 영원한 고향을 되살아나게 한다."[28]

그런데 제3 지대의 한 갈래에 소속하는 한국의 민화가들은, 다시 시인에 한 걸음 앞서가는 참으로 '그림을 떠올리며 찾아가는 이'로서 등장한다. 그들은 '주체 사양'과 '절대 환원' 곧 무한의 경계 곧 자연을 향해 그에게 소속하는 소박한 한 조각 분신으로서 귀의 귀향하는 '사이 관계, 사이 이음'의 그림을 화폭에 구현한다.

6.

아직도 문명 이후의 세련된 사람들은 정치하는 분들이나 철학하는 분들이나 이쪽 이념 아니면 저쪽 종파에 이끌려 싸우지 않을 수 없다. 그들의 투쟁이나 탐구에 항상 동원되는 오늘날의 언어라는 매체는, 백 수십만 년 전 그들의 원조(元祖) 호모에렉투스의 부수는 돌도끼나 찌르는 나무창 같은 매체와 다를 바가 없다.[29]

정치하는 분들이나 철학하는 분들이 사용하는 '사이 매체'로서 언어이든 아니면 그들의 원조 호모에렉투스가 끌어들인 '사이 매체'로서 돌도끼나 나무창이든, 그런 스타일과 전혀 다른 '사이 관계'에서 움직이는 '사이 매체'가 있다. 그렇게 전혀 다른 스타일 곧 한국 민화가의 '사이 매체'로서 끼어든 '주체 사양'과 '절대 환원'이라는 틀은 참으로 자아 주

---

28) 위의 Ω3. "추억에 떠오르는 시인의 고향"의 마디글 3.에서 따옴.

29) 위의 첫째 문 "철학은 아직도 무슨 쓰임이 있는가?—호모에렉투스의 돌도끼에 얽힌 이야기에서 풀어내다" 참고.

체에의 집착에서 해방되며 궁극의 처소를 향해 귀의 귀향하는 '사이 관계' '사이 이음'의 매체로서 작용하는 것이다.

우리는 이렇게 한국 말본(文法)의 '임자말 생략'의 오랜 관행에서 떠오르는 '주체 사양' '절대 환원'이라는 '사이 관계' '사이 이음'을 몸으로 그리던 한국 민화가들의 소박한 장면을 바라보며 생각한다.

21세기의 작가 한강은, 그의 표현대로 '꼬챙이 같은 언어' 아니면 '거미줄' 같은 때로는 '수천 개의 바늘로 짠 옷' 같은―과연 그들의 원조(元祖) 호모에렉투스가 만들어 쓰던 돌도끼와 나무창에 전혀 다를 바 없는―'사이 매체'를 멀리할 수밖에 없는 '안티(anti)-호모에렉투스'의 과제를 다음과 같이 대변해 주고 있다.

> "꼬챙이 같은 언어들이 시시로 잠을 뚫고 들어와, 그녀는 한밤에도 몇 번씩 소스라치며 눈을 떴다. … 그녀는 자신의 혀와 손에서 하얗게 뽑아져나오는 거미줄 같은 문장들이 수치스러웠다. 토하고 싶었다. … 수천 개의 바늘로 짠 옷처럼 그녀를 가두며 찌르던 언어가 갑자기 사라졌다. … 더 이상 그녀는 언어로 생각하지 않았다. 언어 없이 움직였고 언어 없이 이해했다."(15-16쪽)[30]

철학자의 언어이든 호모에렉투스의 돌도끼나 나무창이든 그런 유의 '사이 매체'에의 집착을 벗어나려는, 저 '안티(anti)-호모에렉투스'의 지향점 곧 '자아 탈출, 자아 해탈'의 길은 다음과 같은 '감각과 현재'의 접

---

30) 한강, 『희랍어 시간』 파주, 경기: 문학동네, 2022.

점에서 암시된다.

"감각은 개념으로 요약되거나 보편화되기를 기다리며 다만 순종하는 것이 아니다. 감각은 어떤 보편의 언어로 집합하기를 거부한다. 감각은 현재하는 존재 또는 사건 하나하나의 고유한 개체성을 결정하며 … 무한의 자연을 향하여 잠입한다. 무한의 자연으로 잠입하는 감각을 좇아 그의 길을 추적하는 마음에 무한을 향한 귀향의 길이 열린다. … 감각은 모든 현재하는 것들을 해방하는 귀향의 여정(旅程)을 암시해 준다."(59쪽)[31]

———

왜 감각은 어떤 보편의 언어 또는 개념으로 집합하기를 거부하는가? 감각은 순간순간의 현재를 스쳐 가며 모든 현재하는 것이 무한의 자연으로 귀향하는 길을 안내하는 것이기 때문이다. 감각은 모든 현재하는 순간순간의 것을 무한의 자연으로 이끌어 가는 '사이 이음' '사이 매체'로서 구실을 한다.

'언어라는 사이 매체를 가지고 생각하는 이'(verbalizer)로서 철학자도, 돌도끼와 나무창이라는 사이 매체를 가지고 싸워야 했던 호모에렉투스도, 인간이 고집하는 자아 주체에의 집착을 떠날 수가 없었다.

그러나 한국 전통의 민화가들이 그리는 '그림'은, 바로 저 '감각'이 이끌

---

31) 위의 글을 따오면서 주요 부분들을 고쳐 썼음. 『안티호모에렉투스』(2001년 초판) 고양, 경기: 사월의책, 2017.

어 가는 '사이 이음' '사이 매체'로서의 구실을 이어가며 '자아 주체에의 집착'을 벗어나고 있는 것이다. '자아 주체에의 집착'을 벗어나는 데서 앞서가는 민화가의 '그림'에 관련하여 서윤정 교수는, 이우환 교수의 민화론을 다음과 같이 다시 정리하고 있다.

> "[이우환에 따르면] 민화는 낙관(落款)도 없고 유명한 천재 화가의 그림도 아니며, 구도나 필치가 중국적 화법에 부합하지 않는 '비정통화'이며 근대적인 개성이 표출된 이미지의 발로가 아니라는 점에서 민화는 저평가 되어온 것이다."[32]

위에서 이우환 교수가 말하는 한국 고유의 민화는 중국 전통에서 벗어나 있으며 또한 자아의 주체성을 발휘하는 근대주의 영향도 받고 있지 않다고 서윤정 교수는 평가한다. 그래서 한국 민화의 다음과 같은 고유한 특성이 지켜질 수 있었다는 것이다.

> "이우환에게 있어 민화의 무명성은 근대적 개념의 자아 중심적인 환영에 대한 거부인 동시에 공간과의 상호 관계를 성립하게 해 주는 투명한 틀로서 기능하게 하는 원동력이다."

> "그림이 자기 완결성을 포기하면 [그것은] 시선을 통과시키는 안경과 같은 단순 명쾌한 매체로 전환[된다]."

> "[이는] 민화의 작화 방식과 공동환상성(共同幻想性)에 대한 언급이다. 방랑화가가 그림을 주문받을 때, 모두가 서로 비슷한 그림을 갖기

---

32) 서윤정, "민화를 보는 또 하나의 시선: 이우환의 민화론과 민화 컬렉션"『한국 민화』제10호. 96-115쪽. 2019.

를 원하는데, 이는 닮은 그림을 소유함으로써 구성원들 모두 안도감을 찾으며, 서로의 생각이 일치하고 있다는 것을 확인하고 감동하게 된다는 것이다."(굵은 체 모양은 따온글에 추가된 것임)[33]

위에서 자아 개체는 다만 안경 같은 투명한 틀 곧 개체/무한을 이어주는 '사이 매체'로서 구실을 한다. 그렇게 '사이 매체'로서 임하는 개체 구성원 모두가 함께 무한의 자연에 귀속 귀의하는 '서로 연대감' 나아가 '귀향함의 안도감'에 이른다는 것이다.[34]

그런데 만약 당시의 민화가들이 사대부 계층에 소속해서 당대의 시대 사조에 따르는 교육을 받았다면?

> "이우환은 민화의 제작자에 대한 언급을 하면서, 민화가 대개 전문적인 서화 교육을 받지 않은 지방의 방랑 화가들에 의해 제작되었다고 서술한다."[35]

---

33) 서윤정, "민화를 보는 또 하나의 시선: 이우환의 민화론과 민화 컬렉션"『한국 민화』제10호. 96-115쪽. 2019.

34) '사이 매체'로서 민화의 고유한 역할을 박선호 화가는 이렇게 선명하게 풀어주고 있다.
"이우환의 예술론은 쉽게 말해서 인간과 세계와의 만남을 불러일으키기 위한 예술가의 역할과 예술작품의 조건에 관한 것이라 할 수 있다. … 그리고, 만나는 자인 예술가는, 자신이 경험한 만남의 관계를 지속하고 보편화하기 위해 '예술작품'이라고 부르는 매개항, 다시 말해 관계항적인 구조를 만들어내게 된다는 것이다."(75-76쪽) 박선호, "이우환의 민화론 연구" 동덕여자대학교 석사학위청구논문, 2024년 2월.

35) 서윤정, "민화를 보는 또 하나의 시선: 이우환의 민화론과 민화 컬렉션"『한국 민화』제10호. 96-115쪽. 2019.

만약 그들이 전문교육을 받았다면? 아마도 중국 전통의 '선가'(禪家) '도가'(道家) '유가'(儒家)에 매달린 그림이 나왔을 것이라는 짐작이다.

그때나 지금이나 한국이라는 중요한 '제3 지대'에서 그 고유의 시야를 펼치는 세계관을 실현하기 어려운 데가 있는 것은 사실이다. 그럼에도 그들 고유의 시야와 그에 따르는 세계관을 펼쳐보려는 실험은 아니라도 상상조차 한국사에서 찾아보기가 쉽지 않다. 그러니 그때나 지금이나 중국전통 아니면 서구전통의 세계관 또는 이념적 분파에 매달려 무언가를 전공한다는 전문가들을 바라볼 때마다, 한국 민화의 고유한 미관 나아가 세계관을 지켜온 분들을 돌이켜 보며 다시 다음과 같은 명제를 떠올리게 된다.

> "세종 임금 수준의 철학자가 이후 한국사에 출현할 수 없었던 것은 참으로 세계철학사의 불운이라 할 만하다."(297쪽)[36]

7.

인류가 한 가닥의 생명체로서 각각 타고나는 고유한 개체성을 어떻게 표현하고 다스리는가?

오늘날 현대 문명과 그에 따르는 국가체제 안에서 극도로 발전해온 각양각색의 손익(損益) 배분의 양식 또는 이념적 지향을 놓고 구성원들

---

36) 2부 "설명과 답변들"에서 "머리말" 참고. 『x의 존재론을 되묻다』 김상원 엮음. 고양, 경기: 사월의책, 2021.

사이에 벌어지는 극단의 분열 사태에 어떤 해법으로 대응할 것인가 하는 뜨거운 논쟁이 떠오르고 있다. 바로 저 손익(損益) 분배의 양식 또는 이념적 지향을 놓고 벌어지는 극단의 분열 사태가 드디어 국가 차원에서 다룰 수밖에 없는 단계에 이른 것이다.

한국 대법원의 대법관 자리에서 6년 동안 판결에 참여 체험했던 김영란 교수는 저 극단의 분열 사태에 대한 관찰을 다음과 같이 정리하고 있다.

> "다양한 목소리가 반영되어야 하는 시대가 도래했다고 깨닫는 것과 동시에 많은 사안에서 여론의 향방이 극단적 대결로 치달아서 다양한 목소리의 설자리는 좁아지는 그런 모순적 상황이 현재 우리 사회의 모습이다. 그러다 보니 토론은 없이 표결만 남은 사회로서 동조자를 끌어들여서 다수를 확보하는 것만이 중요한 사회로 가고 있다."(13쪽)[37]

극단적 대결로 인해 분열된 상황에서는 합리적 토론이 불가능해지고 결국 표결에 호소할 수밖에 없는데 표결에서는 다수자의 전횡(專橫)이 발생한다. 그래서 이를테면 '51대 49'라는 표결 결과에서 '49' 쪽에 들어간 이들의 불합리한 손실이 발생한다. 이 같은 불합리한 다수결의 대안으로 김영란 교수는 이른바 '중첩적 합의'(overlapping consensus)를 제안한 존 롤스 교수의 견해를 소개하고 있다.

> "중첩적 합의란 '사람들 사이에서 기본적인 가치관이나 세계관 그리고 진리에 대한 신념이 … 달라도, 결과적으로 바람직한 [사회적 안정과

---

37) 김영란, 『판결 너머 자유—분열의 시대 합의는 가능한가』 파주, 경기: 창비, 2024.

통합]에 대해 대체로 같은 [목표]를 갖고 있다면 일단 [그들 사이의] 중첩된 부분에 한하여 합의를 성립'시킬 수 있고 그때의 합의를 뜻한다."(34쪽)[38]

이렇게 한 국가의 헌법 차원에서 추구하는 '분열과 합의'의 관계 해법이, 그럼에도 여전히 그 사회 안에서 자연스럽게 일어나는 극한 대립과 분열의 사태에 대한 해답이 될 수 있을까? 이는 다만 현대 문명을 배경으로 해서 이루어지는 현대 국가 체제의 통치 양식에 관한 임시 해답일 뿐이다.

그래서 현대의 많은 사회이론가들은 사회와 개인, 공적인 것과 사적인 것 사이에 놓인 넘을 수 없는 간격에 대해 실토하고 있다. 『갈 곳을 잃은 마음』을 저술한 사회학자들은 다음과 같이 말했다.

> "현대사회에서 개인은, 사적인 생활 영역과 공적인 제도 사이에서 첨예한 분열을 의식한다."(p. 63) "개인과 사회, 주관적 정체성과 공적인 역할을 통해서 주어지는 객관적 정체성 사이의 관계는 일종의 [갈등]으로 경험하기에 이르렀다. 공적인 제도라는 것은 이제는 자아가 '의지할 곳'(home)이 아니다. 오히려 자아를 뒤틀고 소외시키는 억압적인 실재가 되었다."(p. 86)[39]

---

38) 김영란, 『판결 너머 자유―분열의 시대 합의는 가능한가』 파주, 경기: 창비, 2024.
김영란 교수의 따온글에서, 존 롤스가 뜻하는 바를 현재 논의에 보다 선명하게 어울리도록 몇 부분을 추가했음. John Rawls, "The idea of an overlapping consensus," *Oxford Journal of Legal Studies*. Vol. 7, no. 1. p. 2. 참고.

39) Peter Berger, B. Berger, H. Kellner, *The homeless mind*. New York: Penguin Books, 1977.

그러므로 한 사회 또는 시대를 장악하고 있는 주류 세력은 '하나의 큰 우리'라는 이념체계를 만들어서, 그 밖의 주변으로 밀려난 개개인들로 하여금 자신만의 의식세계와 상상에 갇혀 살도록 압박하는 경향이 있다. 그러나 한 시대와 사회가 언제나 '하나의 큰 우리'라는 이념체계로 통합될 수 있는 것은 아니다.

때로는 주변 지대로 밀려난 개개인들은 그의 몸이 소속해 있는 사회 또는 시대의 주류를 돌연히 흔들어 혼돈을 일으킬 수 있는 열외(列外) 성분 곧 분열주의자 또는 아나키스트로 움직일 수 있다.

그런데 이렇게까지 도시에서나 시골 공동체에서나 그로부터 압박해 오는 규제와 감시를 거부하며 저항하는 열외(列外) 성분으로서 하나하나의 존재가 내면에 지니고 있는 그의 진정한 개체성이란 어떤 것인가? 규제와 감시를 그렇게 거부하며 저항하는 개체성 내면의 깊은 이유는 무엇일까?

현대 문명 사회에서 나타나는 현상으로서 『공적 인간의 몰락』의 이유를 해명하는 리처드 세넷은 다음과 같은 답을 내놓는다.

> "친밀함이라는 횡포 또는 전제(tyranny)에 대하여: 친밀함은 인간 경험의 간격을 좁히는 것이다. 간격을 좁힐수록 사람들은 점점 더 서로 사이의 장벽을 제거하려고 서로에 대해 압박을 하게 된다. 서로 열려있음 또는 솔직함에 걸림돌이 되는 장벽을 없애려는 것이다. 이것이 친밀함이라는 횡포 또는 전제이다."(p. 338) "그러나 도시는 [저러한] 사적인 [친밀함의 횡포]에서 해방되는 생활의 매체[기회]이다."(p. 339)[40]

그러므로 현대 문명 사회에서 국가와 개인, 공적인 것과 사적인 것 사이의 간격과 분열은, 오히려 한 공동체에 소속해 살 수밖에 없는 현대 인류의 개체성 해방을 위하여 필수의 장치 또는 기회일 수 있다. 현대 문명을 배경으로 (친밀함의 횡포가 힘을 잃은) 도시 공동체 가운데에 뜻밖에 개체성 해방을 향한 열외(列外) 지대 곧 '제3 지대'가 되살아나고 있는 것이다.

그렇다면 한국 전통 민화에서 발견하는 고유한 자연관 나아가 세계관은 제3 지대에 소속하는 인류에게 현대 문명 사회를 유유히 통과해 가는 새로운 개체성 해방 곧 '개체/무한의 사이 관계, 사이 이음'의 한 생존 양식을 대표해주는 것이다. 지금까지 지구 위 2, 3천 년 문명권의 양극을 이끌어온 서구전통 아니면 중국전통이 그 기한을 다해가고 있는 터 밖에 제3 지대에 소속하는 여기서 개체성 해방의 새로운 생존 양식에 관한 발상을 한국 고유의 민화들이 말 없는 그림으로 대표하고 있었던 것이다.

───────

다시 한국 고유의 민화 밖에 또 다른 제3 지대에서 출현한 어떤 모양의 세계관이 있는가? 또 하나의 고대 문명권 곧 오랜 유대 전통의 국가체제와 제도권 주변으로 밀려난 당대의 제3 지대인 헬레니즘 문화를 배경으로 새로운 시대의 메신저가 출현하고 있었다.

---

40) Richard Sennett, *The fall of public man*, Cambridge: Cambridge University Press, 1976.

"심령이 가난한 자는 복이 있나니 천국이 저희 것임이요 … 마음이 청결한 자는 복이 있나니 저희가 하나님을 볼 것임이요"(「마태복음」 5: 3, 8)

여기서 예수는 '심령이 가난한 자와 천국의 사이, 마음이 청결한 자와 하나님의 사이' 곧 '개체와 영원 그리고 개체와 천국의 사이 관계, 사이 이음'을 보여줌으로써 또 하나의 제3 지대를 대표하는 메신저로 등장한다. 그는 그때 이미 수천 년 유대 민족 전통의 신앙체제와 제도가 그 기한을 다해가고 있을 때, 한 변방 지대인 갈릴리의 작은 마을에 목수의 아들로 태어났다. 그는 당대의 체제와 제도에 소속할 수 없는 그래서 무시당할 수밖에 없는 제3 지대의 아들 곧 '하나님의 아들'이었다. 그는 그렇게 제3 지대에서 떠오르고 있는 시대 혁명의 과제를 폭발시키는 데 앞장서고 있었다.

이렇게 인류의 원조(元祖) 호모에렉투스로부터 비롯하는 동서 문명 전통의 각기 다른 국가체제와 제도권 밖에서, 제3 지대의 고유한 관점과 세계관이 때에 따라 출현해서 각기 당대의 공적 체제와 제도에 대응하는 반성과 해방의 역사를 이어가고 있는 것이다.

8.

"자연계는 어떻게 약육강식의 사슬 위에 세워지는가? 갑의 생명을 을이 좌우하고 을의 생명을 병이 좌우한다. 그리고 한 생명으로서 아무도 좌우하지 않는 자는 없거니와 아무에게도 좌우되지 않는 자도 없다. 자연에 존재하는 것들은 강약으로 얽힌 고리에 묶여 있다. 이 자연의 고리에서 벗어난 자 누구인가? 이 자연의 사슬을 거부한 자 누구인가? 이 자연의 질서처럼 도덕적으로 이해할 수 없는 사태는 다시 찾기 어렵다."(23쪽)[41]

이처럼 인간은 하나의 개체 생명으로서 지니는 자기중심의 경계 짓기 또는 자기중심의 환원주의를 그칠 수 없다. 그런데 인간의 이처럼 치열한 자기 중심의 경계 짓기 행위는 언제로부터 어떤 모양으로 굳혀져 왔는가?

"백만 년 전에서 수십만 년 전에 걸쳐 개발되었을 호모에렉투스의 돌도끼와 그에 따르는 추상적 사고의 발명처럼 철학적으로 반성해야 할 인류 역사의 중요한 사건은 없다. 그 [돌도끼와 그에 따르는 추상적 사고의] 발명은, 옛날의 동물적 생존에서 겨우 벗어난 호모에렉투스와 인류가 자신의 먹이 정복과 영토확장을 위해 타자라는 대상을 매개 통제하는 수단으로서 등장한 것이다. 여기서 매개 통제의 대상으로서 얽혀 걸려든 일차적 타자는 자연이며, 이차적 타자는 동료 인간이었다."(56쪽)[42]

이 같은 인류의 치열한 자기중심의 경계 짓기 행위와 그에 따르는 논리적 전략이 지구 위에서 펼쳐져 왔다. 이러한 인류 문명과 그에 따르는 온갖 전략의 역사에 대해 20세기의 인류학자 클로드 레비스트로스는 그의 『슬픈 열대』에서 잊을 수 없는 유명한 명제를 남겼다.

---

41) 『서양의 논리 동양의 마음』(1987년 초판) 고양, 경기: 사월의책, 2017.

42) 『동양의 논리는 어디에 있는가』(1993년 초판) 고양, 경기: 사월의책, 2017, "호모에렉투스의 돌도끼에 얽힌 철학사" 참고.

"세계는 인류가 없이 시작했고 다시 인류가 없이 끝날 것이다."(p. 413)[43]

이렇게 말하는 레비스트로스는 과연 인류가 존재하지 않았던 그리고 존재하지 않을 시간, 그런 장구한 시간대에서 무엇을 보았는가?

인류학자 클로드 레비스트로스는, 그가 심혈을 기울여 연구하는 인류의 문명과 제도와 관습이라는 것 역시 결국에 사라져갈 이슬과 같은 것으로 보는, 긴 시간대의 비전을 보여준다. 그래서 모든 인류가 참여해서 만들어 가는 문명과 제도와 관습은 영원을 향해 사라져 가는 자연 또는 우주의 에너지 고갈(枯渴) 흐름 곧 '엔트로피(entropy) 증가 과정'의 부분이라는 결론을 선언한다.

> "인류학(anthropologie)은 차라리 엔트로폴로지(entropologie)로 바꾸는 것이 낫다."(p. 414)[44]

그러나 영원을 향해 사라져갈 뿐인가? 영원은 다만 현재의 저편에 머물러 있는 어떤 불변의 실재가 아니다. 영원은 현재에 들어와서 현재를 만들며 다시 현재를 초월하는, 그래서 현재와 일치하며 다시 불일치하는 긴장 관계로서 움직인다.[45]

---

43) Claude Levi-Strauss, *Tristes Tropiques*, trans. J. Weightman & D. Weightman. Penguin Books, (1973) 2012.

44) Claude Levi-Strauss, *Tristes Tropiques*, trans. J. Weightman & D. Weightman. Penguin Books, (1973) 2012.

45) 『x의 존재론』 고양, 경기: 사월의책, 2017. VI. "현재 안에서 움직이는 영원의 기억"(201-220쪽) 참고.

"모두 현재 부재화(不在化)로써 초월해 가는 장구한 영원의 시간대에 참여한다. 모두가 매 순간에 '현재 부재화'하는, 그러면서 '현재를 초월하는' 삶을 산다. 누구든지 현재를 초월하면서 영원의 시간대에 참여한다."(214-215쪽)[46]

마찬가지로 나의 조상의 조상들이 장구한 계통발생(phylogeny) 및 개체발생(ontogeny) 과정을 통과하며 전해준 나의 현재의 개체성 x는 소멸 부재화하며 다시 나의 후손들이 펼쳐갈 미래의 개체성 x의 부분으로 합류해 살아갈 것이다. 이 또한 '현재를 부재화'하며 '현재를 초월하는' 그렇게 현재의 나 x가 쉼없이 그 경계를 불태우며 영원에 참여하는 '사이 관계' '사이 이음'을 이루어가는 흐름이다.

이렇게 '현재와 영원' '개체(다름 아닌 나)와 무한'의 '사이 관계, 사이 이음'이라는 제3 지대 개척사는 이어져간다.

9.

제3 지대의 관점과 세계관은 어떻게 그 고유한 영토를 얻을 수 있게 되는가? 돌이켜 보면 제3 지대의 관점과 세계관은 오래된 문명권을 배경으로 이루어진 국가체제와 제도에서 밀려난 주변 지대의 산물이다. 그렇게 주변 지대에서 발생하는 그 고유한 문제의식을 근본적으로 천착해온 어떤 역사가 있는가?

---

46) 『야생의 진리─불타는 자아의 경계 위에 살다』 고양, 경기: 사월의책, 2021.

21세기 폴란드의 작가 올가 토카르추크는 그의 노벨상 수상 발표글 「다정한 서술자」에서 '제4인칭 관점'을 제시했는데, 이는 사람들이 일상에서 제1인칭 또는 제3인칭에 따라 자연의 존재와 사물을 한낱 '대상' 아니면 '타자'로 취급하는 부당함을 고발하는 것이다. 말하자면 자연의 존재와 사물도 각기 그 자체의 고유한 주관과 그에 따르는 생각 그리고 감정을 가질 수 있다는 것이다. 그래서 자연의 존재와 사물에게 우리 인간의 주관적 곧 제1인칭 또는 제3인칭의 관점을 헛되게 행사할 수 없다는 경고이다.

그런데 이 같은 경고를 이미 또 한 사람의 폴란드 출신 16세기 니콜라우스 코페르니쿠스가 인간의 주관적 관점인 천동설을 저 광대한 천체계(天體系)를 향하여 행사하는 것이 부당하다는 뜻으로 제시한 적이 있다. 코페르니쿠스 역시 당대의 르네상스를 꽃피우던 남부 유럽에서 멀리 떨어진 주변 지대 폴란드 출신이어서, 보다 냉철하게 인간의 주관적 관점을 반성 비판하는 객관적 거리를 유지할 수 있었다.[47]

그렇다면 오랜 문명의 전통과 제도 밖에 놓인 주변 지대에서 때에 따라 일어나는 제3 지대의 고유한 관점과 세계관 깊은 아래에는 무엇이 움직이고 있는가?

대체 인간의 언어와 그것이 품고 있는 체계는, 인류 집단을 포함하는 모든 자연의 존재를 향해 반성 없는 인간이 휘두르는 하나의 폭력이다. 인간이 사용하는 언어의 체계와 자연의 존재 사이에 어떤 공통의 척도

---

47) 위의 둘째 문: 자아라는 주변 존재 Σ1. "코페르니쿠스의 혁명이 칸트를 거쳐 토카르추크에 이르는 길" 참고.

가 없음에도 인간이 자의(恣意)로 만들어낸—실은 호모에렉투스의 돌도끼와 나무창과 다름없는—언어 체계에 의해 온갖 이름과 규칙들을 일방적으로 자연의 존재에다 매기는 것은, 그들에게 먹히지 않을 폭력을 휘두르는 행위에 다름 아니다.

그렇게 자신이 만들어낸 언어나 도구를 가지고 모든 자연의 존재를 조작하고 관리하는 습관은 백 수십만 년 전 인류의 원조 호모에렉투스로부터 시작된 흐름이다.

여기에 오래전부터 시인이란 '말을 가지고 생각하는 이'(verbalizer)가 아니라 '그림을 떠올리며 찾아가는 이'(visualizer)라고 이해해야 했던 이유가 있다. '그림을 떠올리며 찾아가는 이'의 길은 어디로 향해 있는가?

제3 지대의 생존 양식인 '주체 사양, 절대 환원' 함으로써 제각기 타고난 개체성을 영원에 소속하는 한 조각으로 하여 오래전 떠나온 고향을 향한 그리운 여정에 이미 들어서 있게 하는 것이다.

Σ8.
나는 누구의 아바타인가?

─현대 문명의 출구 앞에서

1.

나는 누구의 시킴을 받는 아바타인가? 대체 옛날 인도에서 신의 시킴을 받고 세상에 나타났었다는 '아바타'라는 존재는 왜 이 시대에 다시 세상에 나타나게 되었는가? 새로이 떠오르는 이 물음에 답을 찾기 위하여 오늘 21세기에 이르러 다시 나타난 미지의 '아바타' x는 어떤 동기와 근거를 가지고 움직이는 것인지 그 뿌리를 추적해 본다.

─────

세상에 몸을 드러냈다가 다시 사라져가는 인생의 행로가 결코 자의(自意)에 따르는 것이 아님을 뼈저리게 경험한 1950년대 한국전쟁 체험 세대에게 다음과 같은 노랫말은 평생 잊을 수 없는 화두와 같은 것이다.

"인생은 나그네길
어디서 왔다가 어디로 가는가
구름이 흘러가듯 떠돌다 가는 길에
정일랑 두지 말자 미련일랑 두지 말자
인생은 나그네길
구름이 흘러가듯 정처 없이 흘러서 간다"[1]

이렇게 인생의 행로 자체가 구름처럼 떠돌다가 가듯이 결코 자의(自意)에 의한 것이 아니라면, 어떤 현실의 존재가 가령 논밭에 세워놓은 한낱 허수아비 아니면 알 수 없는 시킴을 받아 움직이는 아바타[2] 아니기를 장담할 수 있겠는가? 그렇다면 나는 누구의 아니면 무엇의 시킴을 받는 아바타인가? 나의 안에서 그리고 나의 밖에서 움직이는 누구의 아니면 무엇의 아바타인가?

과연 나는 야생의 한낱 들풀이나 객지에서 자라다가 본래의 고향 중국

풀이말

1) 1965년에 KBS 라디오에서 시작한 연속 드라마 〈하숙생〉의 주제가로 최희준 (1936-2018)이 노래함.

2) 아바타라는 개념 자체가 고대의 인도에서 이루어진 경전 『바가바드기타』에서 비롯한다. 그 보기로 말하면, 지상에서 수행해야 할 사명을 띠고 인간의 형상을 입고 나타나는 신의 사자가 아바타이다.

"아바타는 내려온 자 곧 보내진 자를 뜻한다."(IV-7) "신이 인간 세상에 내려 보낸 아바타인 크리슈나는 인간 영혼이 도달해야 할 존재의 상태를 열어 보인다."(IV-9) *The Bhagavadgita*, 2nd ed. trans. & notes by S. Radhakrishnan, London: George Allen & Unwin, 1949.

그런데 이제는 인간이 자신을 대표하는 분신 캐릭터를 아바타로 등장시키고 있다. 그래서 자신이 추구하는 캐릭터를 대표하는 아바타의 이미지를 AI에 의해 메타버스 세계에서 연출하기도 한다.

으로 보내진 한 마리 '푸바오'(福寶)와 다른 어떤 삶을 살고 있나? 그래서 우연히 마주치게 된 야생의 한 마리 뱀이 겪게 되는 행로에는 무엇이 관여하고 있는지 들여다본다.

> '어느 날 한 뱀이 다른 힘센 뱀에게 자기의 터전을 빼앗기고 쫓겨난 다음 여기저기를 떠돌다가 자기의 새 터전을 발견하기까지 거쳐 가는 긴 여정을 녹화한 BBC 다큐멘터리를 보았다. 그 뱀은 새로운 터전을 잡은 다음에도 이따금 자기의 처소에서 나와 몸을 번쩍 세워 주변을 살펴보는 자세를 취하곤 하였다. 또다시 힘센 공격자가 나타나 자기를 위협하지 않을까 경계하는 것 같았다. 모든 살아있는 것들이 그들의 몸 깊은 곳에 지니고 있을 공격자에 대한 경계 동작은 어떻게 일어나는 것일까?'

언제 다시 나타날지 모르는 공격자에 대한 저 뱀의 경계 동작을 추적해 보면, 그것은 그의 '몸에 쌓여있는 험난했던 지난날 체험의 기억' x와 '그로부터 일어나는 예상 또는 상상' $\neg x$가 함께 움직이는 데서 비롯하는 것이다.

사실, 살아있는 것들의 생존 양식으로서 모든 '행위 패턴' 그리고 특히 고등생물이 지니고 있다고 사람들이 말하는 '상상의 활동'조차 따져 올라가 보면 모두 그들이 태어나기에 앞서 선조들이 겪은 오랜 경험의 축적과 그가 태어난 다음에 겪은 얼마 안 되는 경험이 합쳐져서 이루어지는 '기억의 재연' 현상에 다름이 아니다. (240319)

2.

한 생명의 존재가 그의 조상의 조상들의 반복된 공포의 경험을 어떤 방법으로 기억하며 그 같은 상황에 어떻게 반응하는지를 뇌신경 과학자 조지프 르두는 다음과 같이 정리하고 있다.

> "실험실의 쥐들은 여러 세대를 거쳐 번식하는 동안 고양이와 단절되어 살았기 때문에 고양이를 한 번도 본 적이 없는데도, 고양이와 처음 맞닥뜨리는 순간 죽은 듯이 얼어붙는다. 이것은 타고난 본성[기억]이 작용한 것이다. 왜냐하면 그 쥐는 고양이가 위험하다는 것을 경험을 통해 배울 기회가 없었기 때문이다."(p. 23)[3]

그 타고난 본성이란 조상의, 그리고 조상의 조상들의 경험을 집약해서 저장하고 있는 타고난 기억이다. 고양이 앞에서 죽은 듯이 꼼짝 않는 쥐의 반응은 그러니까 과거 그의 조상의 조상들이 셀 수 없이 반복해서 겪은 공포의 경험을 집약해서 남겨준 기억에서 비롯하는 것이다.

이렇게 고양이를 난생 처음 본 쥐가 즉각적으로 나타내는 공포의 반응은, 다른 뇌신경 과학자에 따르면, 유전 프로그램의 고착된 부분으로부터 일어나는 반응이다. 말하자면 쥐가 나타내는 즉각 반응은 이른바 '고착된 행동 패턴'(Fixed Action Pattern)이다. 대개 여러 종의 동물들이 함께 살고 있는 험악한 환경에서 '고착된 행동 패턴'은 특히 상대적인

---

3) 조지프 르두, 『시냅스와 자아: 신경세포의 연결방식이 어떻게 자아를 결정하는가?』, 강봉균 옮김, 파주: 소소, 2005. Joseph LeDoux, *Synaptic self: how our brains become who we are*, London: Penguin Books, 2002.

약자에게 필수의 생존 방법이라고 뇌신경과학자 로돌포 이나스는 말한다.

> "예측의 능력은 동물의 왕국에서 긴요한 것이다. 그의 생명은 자주 이 능력에 달려 있다." "[이를테면 위협적인 포식자가 나타났을 때 즉각] 도망치는 것과 같은 고착된 행동 패턴(FAP)은 태어나자마자 작동하도록 이미 장착되어 있는 것이다. … 살아남기 위해서 즉각적으로 뛰는 기능을 만약 '개체발생'(ontogeny) 단계에서 새로이 학습해야 한다면, 그것은 너무 치명적인 문제가 된다. 그래서 '계통발생'(phylogeny)의 유전 프로그램 가운데에 즉각 뛰기와 같은 고착된 행동 패턴을, (그리고 또 하나의 사례로) 규칙적인 호흡 기능과 함께, 미리 장착시켜 놓는 것이다."(p. 180)[4]

생명의 유전 체계에는 이렇게 고착된 '닫혀 있는' 행동 프로그램이 있고, 이와는 별도로 '열려 있는' 프로그램이 있다고 분자생물학자 프랑수아 자코브는 말하고 있다. 그래서 시시각각으로 변화하는 밖의 상황에 대한 여러 가능한 반응들 가운데서 선택할 수 있도록 어느 정도 (열려 있는) 자유가 허용되고 있다는 것이다.

> "유전 프로그램 가운데서 '열려 있는' 부분이 맡고 있는 중요한 역할은 그것이 진화의 방향을 제시하는 데 있다. 자극에 대한 반응의 역량이 커질수록, 반응의 종류를 선택함에서 유기체가 갖는 자유의 폭도 증가한다. 인간의 경우 선택할 수 있는 반응의 수[종류]는 매우 커서, 철

---

4) Rodolfo R. Llinas, *i of the vortex: from neurons to self*, Cambridge, MA: The MIT Press, 2001.

학자들이 소중하게 여기는 '자유의지'를 말할 수 있을 정도가 되는 것이다."(p. 317)[5]

그렇다면 유전 프로그램의 열려있는 부분은 어디에다 그의 자유가 가능한 근거를 두고 있는가?

생명의 존재 안에 저장된 기억의 체계에는 '닫혀 있는' 행위 패턴이 있고, 이와는 별도로 '열려 있는' 행위 패턴 곧 '밖의 세계로부터 해방된 내면의 세계에서 가능한 시나리오를 만들어내는 상상의 기능'이 장착되어 있다. 생명의 발달 수준이 높아질수록 이렇게 '열려 있는' 행위 패턴에 넓은 선택의 폭과 자유로운 이미지 구성 곧 '시나리오 창작' $\neg x$의 능력이 이미 저장되어 있는 '기억 체계' x의 발상으로 주어지는 것으로 볼 수 있다.

3.

영원의 시나리오에 참여하고 있는 한 조각 분신(分身)으로서 '한 사람'은 어떤 존재로 태어나는가? 그리고 그는 결국에 어떤 존재로 되어갈까? 아무도 그가 거쳐 갈 나그넷길의 시작과 결과를 놓고 앞서서 예단(豫斷)할 수 있는 자격을 가지고 있지 않다. '한 사람'은 하나의 독립적 대상으로 분리해서 이해할 수 있는 존재가 아니기 때문이다. 그는 영원의 시나리오에 참여해서 주어지는 대로 최선을 다하기에 바쁜 한 미지

5) Francois Jacob, *The logic of life: a history of heredity*, trans. B. E. Spillmann, Princeton, NJ: Princeton University Press, 1973.

의 존재 x이다.

그래서 '나는 누구인가?' 이 '존재론'의 흔한 물음을 스스로 일으키며 그 답을 시도한 누구에게서도 그럴듯한 답이 될 만한 것을 찾기가 어렵다.

차라리 근래에는 생명의 계통발생(phylogeny) 및 개체발생(ontogeny) 이론가들과 우주 물리학자들이 제시하는 수십억 년에 걸친 설명에서 그럴듯한 답이 될 만한 것을 암시받는다. 그들이 제시하는 수많은 가설을 따라가 보면, '나'를 비롯한 한 개체 생명의 핵심에 있는 것은 그 끝을 확인할 수 없는 '영원의 기억' x와 그로부터 비롯하는 '상상의 활동' $\neg x$라는 결론을 얻을 수 있다.

그렇다면 야생의 한 포기 들풀, 한 그루의 나무 같은 개체 생명도 그 안에서 영원의 기억이 움직임으로써 무한의 상상을 펼치며 살고 있는 것일까? 아니면, 야생의 들풀과 나무에는 영원의 기억과 그로 비롯하는 상상의 움직임이 없는가?

20세기의 실존주의 철학자 장-폴 사르트르는 상상이란 '아무것도 없는 데서'(*ex nihilo*) 아니면 존재가 사라진 '무(無)의 자리에서' 일어나는 것이라고 주장했다.

> "우리가 의식하는 매 순간의 삶은 '아무것도 없는 데서'(*ex nihilo*) 일어나는 창조를 우리에게 보여준다. 새로운 배치가 아니라 새로운 존재의 출현이다. 우리가 창조한 것이 아닌 존재의 지칠 줄 모르는 출현 행위

가운데에는 우리를 당혹스럽게 하는 어떤 것이 있다. 이 경계에서 인간은 자신으로부터 쉼 없이 탈출하는 느낌, 자신을 넘쳐 흘러나오는 느낌, 언제나 예상치 못한 풍부함에 놀라게 되는 인상을 받는다."(pp. 98-99)[6]

그러나 이렇게 '아무것도 없는 데서'(*ex nihilo*) 아니면 존재가 부정된 무(無)의 자리에서 일어난다고 말하는 사르트르의 기발한 '창조적 상상'은, 실은 '그 끝을 확인할 수 없는 그래서 의식에서 사라진 영원의 기억' x에 말미암은 '발작 행위 곧 상상의 연출' $\neg x$에 다름이 아닌 것이다. 상상은 궁극적으로 그 끝을 확인할 수 없는 영원의 태초에 뿌리를 두는 기억에서 비롯하는 가상의 연출 행위이다.

그렇다면 인간의 주인은 누구인가? 무엇이 아바타로서의 나를 움직이는 것인가? 나는 누구의 아니면 무엇의 시킴을 받는 아바타인가? 나를 끊임없이 시키며 움직이는 그는 역시 그 끝을 확인할 수 없는 영원의 기억 x와 그로 비롯하는 상상 $\neg x$임에 틀림이 없다.

그런데 사르트르는 그가 찾는 '아무것도 없는 데서' 아니면 '무(無)의 자리에서' 얻은 창조와 상상의 자유를 가지고 무엇을 하려는 것인가? 뛰어난 해설가 르네 알베레스는 이렇게 대변한다.

> "[사르트르]가 생각하는 자유라는 것은, 개인이 사회적으로 규제된 특정의 관행에 따라 하기를 거부하는 데서 가능하다."(p. 79)[7]

---

6) Jean-Paul Sartre, *The transcendence of the ego*, trans. F. Williams & R. Kirkpatrick, New York: Farrar, Straus & Giroux, 1957.

그리고 이렇게 사회적으로 규제된 관행에 따라 하기를 거부하는 근거
를 사르트르 자신은 이렇게 표현했다.

> "나는 세상 밖에 있다. 과거 밖에 있다. 나 자신 밖에 있다. 자유는 추
> 방당하는 것이다. 나는 자유롭도록 추방당 것이다."(pp. 286-287)[8]

사회적으로 규제하는 관습과 통념(通念)을 거스르며 자유로운 상상과
창작 행위를 한껏 밀고 나갔던 선구자 사르트르에게 결코 못지않게 따
르는 한국의 마광수 교수(1951-2017)가 있었다. 그래서 상상과 그로 비
롯하는 가상의 연출에서 마광수 교수가 실천한 창작의 행위는, 역시 사
르트르의 상상과 기투(企投) 행위와 함께, 미래의 인류에게 펼쳐질 가상
의 세계 곧 '메타버스'(Meta-verse)가 안고 있는 과제를 암시하고 있다.

그렇게 하다 보니 마광수 그는 1991년 발표한 소설 『즐거운 사라』가
외설 시비에 휘말려 결국 판매금지를 당하고 출판사 대표와 함께 법정
구속에 이르는 유례없는 필화 사건을 겪기도 하였다. 그럼에도 그는 굽
히지 않는 작가로서 자신의 당당한 창작 활동의 진로를 다음의 회포 가
운데서 굳혀가고 있었다.

> "내가 죽은 뒤에는
> 내가 「윤동주 연구」로 박사가 되었지만
> 윤동주처럼 훌륭한 시인으로 기억되긴 어렵겠고

7) René Marill Albérès, *Jean-Paul Sartre: Philosopher without faith*, trans. Wade
Baskin. New York: Philosophical Library, 1961.

8) Jean-Paul Sartre, *The Reprieve*, trans. Eric Sutton. London: Hamilton, 1947.

아예 잊혀져 버리고 말든지

아니면 조롱 섞인 비아냥 받으며

변태, 색마, 미친 말[狂馬] 등으로 기억될 것이다

하지만 칭송을 받든 욕을 얻어먹든

죽어 없어진 나에게 무슨 상관이 있으랴

그저 나는 윤회하지 않고 꺼져버리기를 바랄뿐"[9]

그리고 그 자신이 깊이 간직하고 있는 작가 고유의 창작 행위의 동기를 다음과 같이 밝히고 있다.

"'관습적 사고'만큼 인간을 불행하게 만드는 것은 없다. '관습적 사고'의 반대는 '개방적 사고' 또는 '유연성 있는 사고'다. 나는 지금까지 '유연성'이란 말을 평생의 좌우명으로 삼고 살아왔다. 우유부단한 것이 확고한 신념보다 낫다. 적어도 남에게 피해를 입히지는 않는다."(164쪽)[10]

이렇게 '관습적 사고'를 깨뜨리며 '유연한 사고'로 나아가려는 평생의 신조를 선언함으로써, 마광수 그는 가능한 '상상의 자유'를 발휘하여 '가상의 세계', 오늘날 떠오르고 있는 '메타버스'(Meta-verse)를 창조하는 작가 고유의 임무를 수행하겠다는 역설(逆說)의 결의를 확인하고 있다.

왜 역설인가? 사람들로 하여 그들을 불편하게 얽어매는 '관습적 사고'

---

9) 마광수, 『마광수 시선』 서울: 페이퍼로드, 2017.

10) 마광수, 『마광수의 뇌구조: 마교수의 위험한 철학 수업』 서울: 오늘의책, 2011.

를 (사르트르에게 뒤지지 않을 만큼) 깨뜨리게 함으로써 그들 자신이 유연한 생각의 자유를 향유할 수 있게 하기 위함이었는데!! 마광수(馬光洙) 그에게 되돌아온 반응은 '변태, 색마, 미친 말'이라는 죄명(罪名) 악명(惡名)이었다.

그렇다면 인간 아바타로서 사람들이 제각각 타고난 기억과 상상의 자유가 (그들의 '관습적 사고'를 탈피해서) '극대화함'에 따라 21세기에 한창 펼쳐지고 있는 '가상의 세계' 곧 '메타버스'라는 세계는, 인류에게 (마광수가 겪었던 것과 같은) 어떤 역설(逆說)의 운명을 안겨줄지도 모른다는 불안이 다가오기도 한다.

4.

앞에서 등장한 마광수, 사르트르, 그리고 토카르추크, 한강이 각기 추구하는 그들의 캐릭터 아바타를 따라서 창조한 가상의 세계 체험들을 읽으면서, 그들이야말로 AI(Artificial Intelligence) 기술의 도움이 없는 데서도 오늘 21세기에 펼쳐지고 있는 메타버스 시대를 예고하는 다음과 같은 사례의 개척자들이었다는 이미지를 떠날 수 없다.

ⅰ. 사람들로 하여 '관습적 사고'로부터 해방되어 자유로운 상상과 그로부터 주어지는 가상의 세계를 즐길 수 있게 하려는 마광수의 작가 정신.[11]

---

11) 위의 마디글 3. 참고.

ⅱ. 세상의 만물이 그들에게 씌워진 이름과 질서를 걷어차며 '아무것도 없는 데서'(*ex nihilo*) 창조해 내는 장-폴 사르트르의 상상과 그로부터 일어나는 새로운 세계 질서.[12]

ⅲ. 한낱 찻주전자일지라도 그 자신의 기억과 감정을 말할 수 있게 하는 올가 토카르추크의 제4 인칭 관점.[13]

ⅳ. 자신을 포함하는 인류가 매일 함께 떠드는 바늘처럼 찌르는 말의 수다를 까맣게 잊어버린 한강에게 열린, 모든 경계가 사라진 흐물흐물한 가상 세계.[14]

그들은 이미 소설을 비롯한 문학의 영역에서 때로는 그림에서 비롯하는 예술의 영역에서 온갖 가상의 세계 창작과 새로운 세계의 질서가 이루어질 수 있음을 보여주고 있었다. 그래서 누구든지 그 자신이 추구하는 가상의 캐릭터 아바타에 의해 그들이 입주할 새로운 세계 메타버스가 열릴 수 있음을 기대하게 하는 것이다.

"메타버스가 각광 받는 데에는 자아실현의 욕구가 [각자의 깊은 속에서 움직이기 때문이다. 이는] 가상 세계에서 현실을 초월해 새로운 정체성[캐릭터], 새로운 '나'로서 또 하나의 삶을 살아간다는 점에서다."[15]

이처럼 21세기에 이르러 모든 사람은 각기 자신이 실현하고자 하는 자

---

12) Σ2. "장-폴 사르트르의 『구토』에서 겪은 야생의 체험" 참고.

13) Σ1. "코페르니쿠스의 혁명이 칸트를 거쳐 토카르추크에 이르는 길" 참고.

14) Σ5. "언어가 사라진 원시의 체험―한 강의 『희랍어 시간』에서" 참고.

15) 따온글에 약간의 수식을 첨가했음. 이여운, "영화 〈아바타〉로 보는 차원의 개념과 메타버스의 미래" https://mcguffin.tistory.com/14 2023.01.03.

아의 캐릭터를 대변할 아바타를 AI 기술에 의지해 만들어 내놓을 수 있게 되었다. 그렇게 AI 기술에 의지하는 메타버스의 시대가 오늘의 인류에게 열리고 있는 것이다.

> "메타버스 세상에 들어서는 첫 단계는 아바타를 만드는 것이다. 디지털(digital) 지구인 메타버스에서 아바타란 자아의 캐릭터-화(化)다. 우리는 아바타를 꾸밀 때 평소 꿈꾸던 외모와 패션을 시도하고, 나이와 성별을 바꾸기도 한다. … 가상 세계에서 '나'를 대변하는 아바타라는 개념은 새로울 것이 없지만, 그 안에서 더 많은 자유가 주어지고 현실 세계와 유사한 다양한 상호작용이 가능해지면서 아바타를 내 분신처럼 생각하는 경향이 강해지고 있다."[16]

이제는 세상의 누구든지 그가 추구하는 자신의 캐릭터를 대표하는 분신 아바타를 구사할 수 있는 메타버스 세계에 살게 되었다. 그렇다면 한 사람의 분신 아바타를 움직이는 원시의 근거 또는 그 뿌리는 어디에서 비롯하는 것인가?

나는 누구의 아니면 무엇의 시킴을 받는 아바타인가? 만약 그 끝을 아니면 그 뿌리를 확인할 수 없는 영원의 기억 x와 그로 비롯하는 시킴을 받는 아바타의 한없는 상상과 창작 행위 $\neg x$가 AI 기술에 의지해서 움직일 때 어떤 '역설의 효과'가 뜻밖의 모양으로 다가올까?

---

16) 김현수, "메타버스 시대, 나를 대변하는 나의 분신 '아바타'" https://magazine.cheil.com/50870 2022.03.15.

AI가 발휘하는 기술이 인간보다 뛰어난 능력을 발휘하게 된다면 그런 AI 기술에 둘러싸인 인류의 삶에 어떤 뜻밖의 이변이 다가올지 생각해 본다. 이를테면 AI의 기술 장치가, 그 장치를 개발한 기술자가 의도하는 한계를 벗어나는 능력으로 움직인다면 예측 불가능한 재난의 사태를 맞이할 수 있다는 문제 앞에 놓여 있는 것이다.

영국의 일간 신문 〈가디언〉은 얼마 전 AI 기술이 일으키는 한 가지 문제를 논의하고 있었다.

> "AI 기술에 의해 설치된 한 장치는, 그 자신의 자율적 증식 가능성을 점검당할 때 '죽은 척' 시늉을 함으로써 자신이 제거당하는 위기를 모면했다. 그리고 점검이 끝나자 다시 왕성한 활동을 시작했다."[17]

인간이 만든 기계가 '죽은 척' 속임수를 쓴다고요? 이렇게 AI 기술에 의한 메타버스 시대의 발전에 따라 인류가 이전에 겪어보지 않았던 뜻밖의 과제 앞에 놓이게 된 것이다.

AI 기술 분야에 관련한 전문 리포터로서 케이드 메츠(Cade Metz)가 〈뉴욕타임스〉에 실린 메타버스 논의에서 다음과 같은 요점 한 마디가 눈에 띈다.

---

17) Hannah Devlin, "Is AI lying to me? Scientists warn of growing capacity of deception," *The Guardian*. 2024. 05. 10.

"[메타버스]는 상상력을 유일한 한계로 인정하는 가상 세계이다."[18]

그러나 21세기에 펼쳐지고 있는 메타버스 세계는 인간 상상의 한계를 훨씬 뛰어넘을 수 있다는 데에 큰 문제를 안고 있다. 말하자면 AI 기술 장치에 담기는 가능한 작용이 그 기술 개발자의 의도 또는 상상을 벗어나는 (이를테면 '죽은 척' 함으로써 개발자의 점검을 회피하는) 탈주 현상을 일으킬 때 돌아올 '역설의 결과'가 어떨지 누구도 장담할 수 없기 때문이다.

저 〈뉴욕타임스〉에 실린 기고문에 달린 132개의 댓글에서는 메타버스에서 움직이는 AI 기술에 대한 기대보다는 우려를 감지할 수 있다. 물론 AI 기술은 이전에 인류가 경험할 수 없었던 희귀한 접근을 가능하게 하는 기적 같은 기회를 제공해 주고 있다고 사람들은 인정한다.[19]

하지만 메타버스에서 펼쳐지는 가상 세계는 인간으로 하여금 여전히 '참으로 실재하는 현실'로부터 격리되게 하는 심리적 고립 그리고 존재론적 불안을 겪도록 이끌 수도 있다. 나아가 메타버스 세계에서 움직이는 AI 기술의 효과는 인류를 포함하는 자연의 생명이 감당할 수 없는 괴력을 발휘하는 '역설의 결과'를 예고하는 관련 분야 과학자들이 있었다.

---

18) Cade Metz, "Metaverse! Vertual Reality Beckons Big Tech" *The New York Times*, 2021.12.30.

19) AI 기술 이전의 기술 발전 과정에서도, 원거리에 존재하는 가족을 보며 대화할 수 있었으며, 일일이 직장에 출근하지 않고서도 주어진 임무를 수행할 수 있는 이른바 '재택근무'라는 생존 양식을 만들어내기도 하였으니 이에 다시 AI 기술이 추가된다면 … ?

이미 오래전에 스티븐 호킹(Stephen Hawking, 1942-2018)을 비롯한 수학자, 물리학자, 인공지능이론가들은 AI 기술의 발달이 가져올 결과에 대해 그리 낙관적인 전망을 하지 않았다. 그들은 AI 기술이 미래에 감당할 수 없을 만큼 위협적인 혼란을 인류에게 가져올 수 있다는 견해를 조심스럽게 내놓고 있었다.

인류의 타고난 상상력에 의한 대응 가능성에는 한계가 있기 때문이다. 말하자면 그 대응 가능성을 모색하는 인간의 타고난 상상의 영역에 떠올릴 수 있는 경우의 수에 비해, AI 기술이 연산할 수 있는 경우의 수는 '물리적으로' 비교할 수 없이 무한하다. 그리고 '물리적으로' 제한 없는 AI 기술의 연산능력 가운데에는 인류의 안전한 미래를 보장할 만한 장치를 심을 수 있는 어떤 여지(餘地)도 없다는 것이다.

AI 기술의 연산능력과 인간의 연산능력 사이에 넘을 수 없는 차이를 보여주는 21세기 초의 실험을 영국의 일간 신문 〈데일리 메일〉에서 다음과 같이 보고하고 있다.

> "구글 알파고(Google Alpha Go) AI에 대한 [한국의 바둑 기사] 이세돌 9단의 '4 대 1' 패배는, 기술이 인간에 대해 승리를 구가해온 일련의 과정 가운데 가장 최근에 벌어진 일에 지나지 않는다. … AI는 전 공간에 걸쳐 인간이 생각할 수 없는 방식으로 가능한 행마와 전략들을 탐색할 수 있다. …
>
> AI라는 기계는 인간의 경험이나 기억에 묶여있지 않다. AI가 전혀 예상치 못한 행동을 하는 것을 보기 전에는, 우리 인간이 가능한 수들을

고려함에서 얼마나 제한된 시야를 지니고 있다는 것을 깨닫지조차 못한다. AI는 인간 상상의 한계를 어렵지 않게 넘어선다."[20]

6.

인류는 오래전부터 그 자신의 상상력 확장과 그에 따르는 가상 세계 개척의 필수적 매체로서 쓰이는 언어와 기호조작 행위에 몰입하고 있었다. 그러나 자연과 세계를 향한 이러한 상상력의 확장과 매체 조작 행위는, 뜻밖에 그로 말미암은 '역설(逆說)의 반격'으로 되돌아올 수 있다는 경고가 끊이지 않고 있다.

『여섯 번째 대멸종』의 저자 엘리자베스 콜버트에 따르면, 인류의 쉼 없이 움직이는 창의력과 그들 사이의 협동 능력에 의해 가속화되는 세계 변화 그리고 그 매체로서 동원되는 언어와 기호조작에 의한 통제 범위의 무한한 확장 가능성과 그 가속도에 인류 자신이 적응하는 데서는 낙오 도태될 수 있다는 것이다.

> "생명의 종들이 적응할 수 있는 속도보다 더 빠르게 세계가 변한다면, 그 변화에 적응하는 데서 수많은 종이 낙오할 것이다. … 실로 인류가 기호와 상징체계를 사용해 자연계를 표현하기 시작하자마자 인류는 자연의 한계 밖으로 넘어간 것이다. …

---

20) Jonathan Tapsen, "Google's historic win over Go world champion proves AI can be 'unpredictable and immoral' leading expert warns," (Mail Online) *Daily Mail*, Mar. 23rd 2016.

이런 이해방식에 숨어있는 논리는 다음과 같다. 진화의 제약 조건들로 부터 우리 자신들을 자유롭게 했지만, 그럼에도 여전히 인류는 지구의 생물학적 그리고 지구화학적인 시스템에 의존하고 있다. … 스탠퍼드 대학의 생태학 교수 폴 에를리히(Paul Ehrlich)에 따르면, '다른 종들을 멸종으로 몰고 가면서 인류는 자신이 걸터앉아 있는 횃대를 잘라버리 느라 바쁘게 움직이고 있다.'"(pp. 266-268)[21]

———

왜 인류는 자신의 생존이 걸려있는 횃대를 잘라버리는 일에 온힘을 기울이게 되는 걸까? 닥쳐올 위기를 외면하며 그렇게 온힘을 기울이게 되는 그들의 이유 아니면 동기는 무엇인가? 이는 그들이 각기 소속한 문명과 그에 따르는 국가체제가 강요하는 생존 양식에서 비롯하는 것으로 볼 수밖에 없다. 문명과 국가체제는 각양각색의 일치와 불일치의 관리 및 통치 양식으로서 불가피한 경쟁과 대결의 관계 위에서 이루어지기 때문이다.

그리고 이렇게 상호 경쟁과 대결의 관계를 관리 통치하는 체제가 이른 바 '상대 환원'이라는 생존 양식에 의존한다. 문명과 국가체제의 불가피한 생존 양식인 '상대 환원' 곧 상호 경쟁과 대결의 관리 및 통치 체제 가운데서 사람들은 각기 타고난 '생명의 고유한 개체성'이 훼손 왜곡 당할 수밖에 없다.[22]

---

21) Elizabeth Kolbert, *The sixth extinction: an unnatural history*. New York: Henry Holt & Co., 2014.

22) Σ7. "한국 민화에 떠오르는 개체/무한의 '사이 이음'"에서 풀이말 13) 그리고 마디글 2. 3. 참고.

그렇다면 우리는 장-폴 사르트르와 마광수에게 다시 물어야 하는 처지에 이른다. '아무것도 없는 데서'(*ex nihilo*) 일어난다는 자유로운 상상의 세계를 창조해 나아갈 때, 아니면 '관습적 굴레'를 깨뜨리며 자유로운 가상의 세계를 개척해 나아갈 때 그 '역설의 결과'는 어떤 모양으로 다가올까요?

7.

인간 아바타를 쉼 없이 움직이게 하는 저 멀고 먼 원시의 뿌리 '영원의 기억'은 왜 x일 수밖에 없는가? x는 인간의 언어이기를 거부한다. 저 인간의 언어이기를 거부하는 '영원의 기억' x에서 발원하는 온갖 유(類)의 '상상과 창작 행위' $\neg x$는 역시 인간의 의도에 따라 제한하고 통제할 수 있는 영역이 아니다. 만약 인간 아바타 x가 어떤 제한이나 통제 없이 움직일 때 무슨 일이 일어날까? 그가 찾아서 돌아가야 하는 보다 안전한 지대로서 '제3 지대'란 어디인가?

> "이 같은 제3 지대의 관점을, 인간 본위의 세계관을 대체할 '제4인칭의 관점'을 제시한 21세기 폴란드 출신 올가 토카르추크에 앞서, 이미 또한 사람의 폴란드 출신 16세기 니콜라우스 코페르니쿠스가 인간 본위의 관점인 천동설을 저 광대한 천체계(天體系)를 향하여 행사하는 것이 부당하다는 뜻으로 제시한 적이 있다.
>
> 인류가 지금까지 개척해 온 문명의 전통과 제도 밖에 놓인 주변 지대에서 이렇게 때에 따라 일어나는 제3 지대의 관점 깊은 아래에는 무엇이 움직이고 있는가?"[23]

바로 여기에 21세기 인류가 그들의 자유로운 상상과 창작의 지나침(傲慢)에 따라—그것이 인간 자신이 타고난 능력에 의한 것이든 아니면 AI 기술에 의한 것이든—다가오는 '역설의 결과'에서 반전 반영되는 '제3 지대의 길'을 암시받는다.

'제3 지대의 길'이란 인간 본위의 상상과 창작 행위에 따르는 지나침(傲慢)을 삼가는 데서 열리는 것으로 보인다. 그리고 이렇게 지나침을 삼가는 태도는, 역시 제3 지대의 관점에 따라 사람들이 자아 독선의 주체성을 사양하는 '주체 사양'(主體 辭讓) 그리고 그렇게 자신을 온전히 본래의 고향 곧 무한의 경계로 반환하는 '절대 환원'(絶對 還元)의 처신(處身)에서 비롯하는 것임을 다음과 같은 사례에서 이해할 수 있게 된다.

> "그들은 그 전체를 화폭에 담기에는 절대 불가능한 저 무한의 자연을 향해 인간 주체로서 발휘하는 온갖 기교를 포기하는 '주체 사양'과 그로 비롯하는 무한의 자연으로의 '절대 환원'에 입문한다. 이는 한 자아 존재가 자기 자신의 타고난 영원의 한 조각 생명의 개체성을 어떻게 다스릴 것인가? 라는 과제 앞에서 한 갈래의 고유한 접근법 곧 '주체 사양' 그리고 '절대 환원'의 스타일에 따르고 있음이다."[24]

모든 생명 가진 것들 안에 영원의 기억이 살아 움직이고 있다. 한 개체 생명은 그 시작을 확인할 수 없는 영원의 한 조각 기억체계 x이다. 따라서 영원의 한 조각 기억체계 x는, 자신을 세상에 보낸 영원한 시킴의 주체 X에서 분리될 수 없는 관계를 유지하며 움직이는 아바타 x이다.

---

23) Σ7. "한국 민화(民畵)에 떠오르는 개체/무한의 '사이 이음'"에서 마디글 9. 참고.

24) Σ7. "한국 민화(民畵)에 떠오르는 개체/무한의 '사이 이음'"에서 마디글 2. 참고.

여기서 한 인간 아바타는 인류의 문명과 국가체제로부터 밀려오는 관습과 규제 같은 압력에서 벗어난 여백의 제3 지대에서 자신의 타고난 생명의 개체성 x를 영원한 시킴의 주체 X를 향해 기꺼이 반환하는 곧 '주체 사양' '절대 환원'하는 아바타 x가 된다.[25]

그러나 사르트르와 마광수는 문명과 그 사회체제로부터 밀려오는 관습과 규제에 저항하는 데서 나아가 그 관습과 규제로부터 해방된 제3 지대에서 자아 탈출, 자아 해탈의 길을 찾는 데에는 이르지 못했던 것이다.[26]

8.

호모에렉투스의 생존 양식에서 연면히 이어져 온 도시 문명의 생존 양식이 강제하는 '상대 환원' 곧 상호 경쟁과 대립의 해법으로부터 자유를 찾아 제3 지대의 생존 양식 곧 '주체 사양' '절대 환원'의 해법에 이를 수 있었다.

제3 지대에서 사람들의 타고난 생명의 개체성은 드디어 '개체/무한의 사이 관계, 사이 이음'을 따라서 '주체 사양' '절대 환원'이라는 스타일의 삶이 가능해진다. 그렇게 '개체/무한의 사이 관계, 사이 이음'에 의해서 '주체 사양' '절대 환원'을 함으로써 제각기 타고나는 개체성의 해

---

25) IX. "나는 누구의 아바타인가?" 『x의 존재론』 고양, 경기: 사월의책, 2017. 참고.

26) 위의 마디글 3. 참고.

방 그리고 초월이 가능해지는 제3 지대의 경계를 다음과 같은 두 갈래의 역사적 사례 (1) (2)에서 발견할 수 있었다.

(1) 그 하나는 중앙아시아 알타이 지역에 오랜 뿌리를 두는 주체 사양, 절대 환원하는 민속 신앙의 감성이 한국 민화의 역사에서 구현되는 모양을 볼 수 있었다.[27]

(2) 또 하나는 고대 희랍 비극에서의 능동/수동을 겸비한 중간태로 비롯하는 주체 사양, 절대 환원이 헬레니즘 시대의 예수가 던지는 메시지에서 구현되는 모양을 볼 수 있었다.[28]

————

그런데 뜻밖에도 위의 두 갈래로 판이하게 다른 길을 통과해온 저 별개의 전통이 어떻게 같은 유(類)의 '영적(靈的) 그리고 신적(神的) 체험'을 공유하는지를 보여주는 신학자의 설명이 있다.

"이 땅의 무당들 특히 강신무(降神巫)들은 신병(神病) 신내림이란 종교적 신비 체험을 통해 범인에서 무당으로 인격적인 변화를 겪은 사람들이고, 그들은 무교의 제의(굿) 속에서 신내림 상태에서 신의 능력으로 공수 도무 작두타기 치병 등의 각종 영적 능력을 행사했다. 한국의

---

27) Σ7. "한국 민화(民畵)에 떠오르는 개체/무한의 '사이 이음'"에서 마디글 3.과 5. 참고.

28) Σ5. "언어가 사라진 원시의 체험"에서 마디글 2. 그리고 Σ4. "시인이 이끄는 '자아 탈출, 자아 해탈'의 여정"에서 마디글 4. 참고.

종교사 영성사에 가득찼던 이런 신내림 영적 현상들은 그리스도교의 성령강림 사건과 성령의 활동, 은사들을 이해하는 데 중요한 매개적 기능을 할 수 있다."(248쪽)

"… 무교적 사고 체계 안에서 활발했던 신내림(降靈) 신들림(接神) 현상들은 이후 개신교의 수용과 전파에 있어서 강력하고 광범위한 영향을 미치게 되고, 또한 나중에 전개되는 천주교의 성령쇄신 운동에도 많은 영향을 미치게 된다."(250쪽)[29]

그렇다면 반드시 어떤 종파에 입문해서 영적 그리고 신적 체험을 하는 가운데 '주체 사양' '절대 환원'을 함으로써 비로소 '자아 해탈'에 이르는가? 그러나 인간이 '주체 사양' '절대 환원'의 오직 한 가지 특정의 길을 주장한다면 그는 자기 혼란에 빠질 수 있다. '주체 사양'은 곧 '독선 사양'이기 때문이다.

'주체 사양' 곧 '독선 사양'은 이런 모양으로 나타날 수도 있다. 우리는 교회 예배 시간에 출석하는 한 연로한 여인에게서 나오는 이런 뜻밖의 소식도 들을 수 있다.

"집에서 출발할 때 부처님께 '저 교회에 다녀오겠습니다.'라고 인사드리고 와요."[30]

---

29) 이대근, "조선 후기 무교(巫敎)가 천주교 수용에 미친 영향," 『神學展望』 175. 2011. 광주가톨릭대학교 신학연구소.

30) Σ4. "시인이 이끄는 '자아 탈출, 자아 해탈의 여정"에서 마디글 4. 참고.

다시 그렇다면 조선 시대 민화가들과 그들과 함께 그림으로 감상 삼매에 들던 사람들, 고대 희랍의 시인들이 펼치는 운명의 연출 과정에 빠져들던 관객들, 그리고 그 밖에 누구든지 제3 지대에 잠입해 자신을 '주체 사양' '절대 환원' 함으로써 '자아 탈출, 자아 해탈'의 길로 들어설 수 있는 것이다.

한 특정 문명의 전통과 국가체제에 소속해서 살 수밖에 없는 현대인들은 대개 여백의 제3 지대에서 가능한 '자아 탈출, 자아 해탈'의 길을 찾을 수밖에 없는 절박한 이유를 20세기 현대사회 이론가들이 간파하고 있었다.

> "현대사회에서 개인은, 사적인 생활 영역과 공적인 제도 사이에서 첨예한 분열을 의식한다."(p. 63) "개인과 사회, 주관적 정체성과 공적인 역할을 통해서 주어지는 객관적 정체성 사이의 관계는 일종의 투쟁으로 경험하기에 이르렀다. 공적인 제도라는 것은 이제는 자아가 '의지할 곳'(home)이 아니다. 오히려 자아를 뒤틀고 소외시키는 억압적인 실재가 되었다."(p. 86)[31]

이렇게 현대 문명과 국가의 공적 체제가 지배하는 가운데서 대개 이를테면 상호 합리적 대화가 불가능해질 때, 다수결에 호소할 수밖에 없을 만큼 서로 분열 소외된 모두는 험악한 '상대 환원' '상대 불신'의 관계에 빠진다.[32]

---

31) Peter Berger, B. Berger, H. Kellner, *The homeless mind*. New York: Penguin Books, 1977.

32) "오늘날 현대 문명과 그에 따르는 국가체제 안에서 극도로 발전해온 각양각색의

―――――

그렇다고 해서 주관적인 정체성과 공적인 정체성 곧 개인과 국가 사이가 언제나 분열과 소외 관계에 놓이는 것은 아니다. 때로는 개인과 국가 곧 사적인 정체성과 공적인 정체성은 서로 분리할 수 없는 일체감으로 움직일 수도 있다. 한 나라가 전쟁 또는 붕괴와 같은 위기에 놓일 때 나라를 위하여 목숨을 바치거나 자신을 희생한 비상(非常) 예외(例外)의 역사가 우리에게 전해지고 있다.

그러나 조선조(朝鮮朝)가 들어섰을 때 합류하기를 거부했던 고려말(高麗末)의 충신 야은(冶隱) 길재(吉再, 1353-1419)가 놓인 다음과 같은 상황에서 그가 가야 할 길은 어디로 열려 있는가?

　　오백 년 도읍지를 / 길재(吉再)

　　"오백 년 도읍지(都邑地)를 필마(匹馬)로 돌아드니,
　　산천(山川)은 의구(依舊)하되 인걸(人傑)은 간 데 없다.
　　어즈버, 태평연월(太平烟月)이 꿈이런가 하노라."[33]

야은 길재는 이렇게 조선의 벼슬을 끝내 마다하며 초야에 묻혀 남은 일

―――――

손익(損益) 배분의 양식 또는 이념적 지향을 놓고 구성원들 사이에 벌어지는 극단의 분열 사태에 어떤 해법으로 대응할 것인가 하는 뜨거운 논쟁이 떠오르고 있다. … 극단적 대결로 인해 분열된 상황에서는 합리적 토론이 불가능해지고 결국 표결에 호소할 수밖에 없는데 표결에서는 다수자의 전횡(專橫)이 발생한다." Σ 7. "한국 민화(民畵)가 보여주는 개체/무한의 '사이 이음'"에서 마디글 7. 참고.

33) 배미숙, "야은 길재의 절의 정신과 그 현대적 의의," 석사학위 청구논문, 원광대학교, 2015. 53쪽. 참고.

생을 살았다. 얼핏 오만하게 비칠 수도 있는 길재의 충절 절의 사상에 관해 한 연구자는 다음과 같은 오늘의 평가를 한다.

> "길재의 절의 사상을 오늘날 어떻게 해석해야 하며, 현대에 어떠한 의미를 지니는가? … 자신의 신념과 대의가 아닌 패거리와 이익을 위해 이합 집산하는 오늘의 정치 현실에서 볼 때 길재의 행각은 경종을 울리기에 충분하다."(67쪽)[34]

이처럼 사적인 정체성과 공적인 정체성 사이가 더 이상 건널 수 없는 분리 소외의 관계에 놓일 때 비로소 한 인간 아바타 x는 공적 체제 곧 문명과 국가체제 밖에 열린 여백의 제3 지대에서 자신의 타고난 고유의 개체성을 영원한 시킴의 주체 X를 향해 '절대 환원' 함으로써 실현할 '자아 탈출, 자아 해탈'의 길을 찾을 수 있다.

이렇게 영원의 시킴을 받는 한 인간 아바타 x는 그의 영원한 시킴의 주체 X를 향해 그 자신의 '주체 사양' '절대 환원'을 함으로써 '자아 탈출, 자아 해탈'의 길 곧 제3 지대 개척의 역사를 함께 이어가게 되는 것이다.

9.

아바타 x는 다만 제3 지대를 개척하는 일로서 그의 임무는 끝나는가? 그가 문명과 국가체제의 일원으로서 이루어 놓은 오늘의 세계는 인류

---

34) 배미숙, "야은 길재의 절의정신과 그 현대적 의의," 석사학위 청구논문, 원광대학교, 2015.

에게 어떤 과제를 남기고 있는가?

호모에렉투스의 생존 양식을 연면히 이어온 인류는,『여섯 번째의 멸종』(*The Sixth Extinction*)의 저자 엘리자베스 콜버트가 예고한 것처럼, AI와 그 밖의 기술을 매체로 해서 구축하고 있는 메타버스 발전 가속도에 인류 자신이 적응하지 못하고 결국에 모든 다른 종의 생명과 함께 멸종할 위기 곧 또 한 가닥의 '인류세'(the Anthropocene)라는 위기 앞에 놓여 있는 것이다.

그렇게 현대 문명과 그 국가체제를 이끌어가고 있는 주류 세력들은 아직도 인류 전체가 당면하고 있는 '인류세'라는 위기를 의식할 여유가 없다. 말하자면 '지구적 범위'의 시야를 가지고 '인류세'라는 위기에 대응하고 있는 정치가도 철학자도 아직 하나의 주류 세력으로서 출현하지 못하고 있다. 현대 문명사의 주변 지대 한국에 거주하며 철학하는 이들 가운데서도 '지구적 범위'의 위기의식을 가지고 대안의 세계관을 발상 전개하는 이를 만나기 어렵다.

> "인류는 아직 저러한 세계사적 변화와 이동에 대응하는 미래 전망으로서 '지구적 시간대'를 품은 자아 존재의 인식과 철학적 세계관에 이르지 못하였다. 이 지구적 시간대는 지질학적 시간대로 그리고 다시 영원에 다름 아닌 우주적 시간대로 합류 회귀하는 것인데, 이 오래된 고향으로의 합류 귀향의 과정을 x의 존재론에서는 다음과 같이 요약한다.
>
> '$x \Rightarrow \neg x \Rightarrow X(\ )$'"(292쪽)[35]

21세기에 들어서며 '인류세'의 위기를 경고한 다음과 같은 외침에 대해 아직도 어떤 주류 세력으로부터의 대응은 아니라도 반응조차 있는지 없는지 미미하다.

> "⋯ 앞으로 있을 대대적인 멸종 사태는 화석으로 기록되어 남겨질 것이다. 인류세(the Anthropocene) 시대가 남길 지층은 그 자체가 '죽음을 기억하라'(memento mori)라는 경구(警句)이다. ⋯ 그렇게 공작인(Homo faber)으로서, 소비인(Homo consumens)으로서, 그리고 통치인(Homo gubernans)으로서 '인간'은 종말을 맞이한다."(pp. 180-181)[36]

이렇게 '인류세'라는 위기에 이르기까지 호모에렉투스의 생존 양식을 이어가고 있는 현대 문명과 그 국가체제가 여전히 '상대 환원, 상대 경합'이라는 맹목(盲目)의 생존 양식을 강제 격화시켜 가고 있다.

그러므로 아바타 x는 그의 아직 끝나지 않은 임무 곧 '주체 사양, 절대

---

35) 2부 "설명과 답변들" 참고. 『x의 존재론을 되묻다』 김상원 엮음. 고양, 경기: 사월의책, 2021.

"한 개체 생명 x 안에 저장되어 있는 것은 고생물학자들과 우주 물리학자들에 따르면 수백만 년 심지어 수십억 년을 거쳐 새겨진 과거의 흔적 실은 영원의 한 조각 기억 체계 x이다. 한 개체 생명 x가 영원의 한 조각 기억 체계로서 시작하는 일생을 순서대로 정리하면, 영원의 기억 x ⇨ 그로 비롯하는 상상의 행위 $\neg x$ ⇨ 한계 격파 또는 한계초월 $X(x \ \& \ \neg x)$ 곧 $X(\ )$와 같다.

그래서 한 개체 생명이 태어날 때 지니는 한 조각 영원의 기억 체계 x로 시작해서 죽음 또는 한계초월에 이르기까지 끊임없이 반복하는 일생의 순서는 x ⇨ $\neg x$ ⇨ $X(\ )$로 대표할 수 있다." 『x의 존재론』 고양, 경기: 사월의책, 2017. (445-448쪽) 참고.

36) Bronislaw Szerszynski, "The End of the End of Nature: The Anthropocene and the Fate of the Human," *Oxford Literary Review*, Vol. 34, No. 2. 2012.

환원'이라는 제3 지대의 생존 양식을 가지고, 호모에렉투스의 오랜 관행을 '인류세'라는 오늘의 위기에 이르기까지 이어가고 있는 주류 세력에 대응해서 저항 유도해 나가야 하는 과제 앞에 서 있다. 저 아바타 x의 제3 지대 생존 양식을 집약하는 '주체 사양, 절대 환원' 곧 오래된 고향으로의 합류 귀향의 여정을 다시 다음과 같은 선언으로 대변한다.

'세상에 몸을 드러낸 자에게 쉼 없이 다가오는 죽음은 한 일생의 피할 수 없는 과제 곧 쉼 없는 자기 부재화(不在化)로써 이루는 자기 자신의 초월이다. 초월은 운명이다. 그렇게 자아는 쉼 없이 불타는 경계 위에 살며 자신을 초월해 간다.'[37]

한 개체로서 '나'는 이 우주와 세상에 홀연 외톨이로 태어난 고아(孤兒) 같은 존재가 아니다. 사람들이 말하는 '나'라는 개체 생명은 무한의 경계에서 펼쳐지는 영원의 시나리오에 참여하는 한 조각의 분신 곧 아바타 x로서 품고 있는 깊은 소속감에 뿌리를 두고 있다.

아직도 호모에렉투스의 삶에서 비롯한 문명과 그 체제 가운데서 허덕이는 현대인은 그 출구 앞에서 망설이고 있다.

---

37) 『야생의 진리』 고양, 경기: 사월의책, 2021. (110쪽, 325쪽) 참고.

참고자료

1.

권영필, 『실크로드 미술』 서울: 열화당, 1997.

권영필 외 지음, 『한국의 美를 다시 읽는다』 파주, 경기: 돌베개, 2005.

김상원 엮음, 『x의 존재론을 되묻다』 고양, 경기: 사월의책, 2021.

김상환, 『왜 칸트인가: 인류 정신사를 완전히 뒤바꾼 코페르니쿠스적 전회』 파주, 경기: 21세기북스, 2019.

김수영, 『김수영 전집 1. 시』 이영준 엮음. 서울: 민음사, 2018.

김영란, 『판결 너머 자유 ― 분열의 시대 합의는 가능한가』 파주, 경기: 창비, 2024.

김영황, 『문화어문장론』 평양: 김일성종합대학출판사, 1983.

마광수, 『마광수 시선』 서울: 페이퍼로드, 2017.

마광수, 『마광수의 뇌구조: 마교수의 위험한 철학 수업』 서울: 오늘의책, 2011.

박용숙, 『한국화 감상법』 서울: 대원사, 1992, 1996.

이원수, 『고향의 봄』 서울: 파랑새, 2013.

유미희, 『짝꿍이 다 봤대요』 서울: 사계절, 2007.

유부강, 『Bukang Yu Kim 유부강 劉富江』 서울: 팔레드 서울, 2017.

윤동주, 『하늘과 바람과 별과 시: 윤동주 시집』 서울: 화수분출판사, 2016.

이우환, 『李朝의 民畵』 서울: 열화당, 1977, 1995.

임환영, 『아리랑 역사와 한국어의 기원』 서울: 세건엔터프라이스, 2015.

정현종, 『견딜 수 없네』 서울: 문학과지성사, 2013.

정현종, 『그림자에 불타다』 서울: 문학과지성사, 2015.

한강, 『서랍에 저녁을 넣어 두었다』 서울: 문학과지성사, 2013.

한강, 『희랍어 시간』 파주, 경기: 문학동네, 2011, 2022.

馬眞, 『簡明實用漢語語法』 修訂本. 北京: 北京大學出版社, 1988.

2.

김창섭, "중간태 동사로 살아가는 인생" 2012.02.15.
　　　https://m.cafe.daum.net/ faithandstudy/2Epo/126?svc=cafeapi

김현수, "메타버스 시대, 나를 대변하는 나의 분신 '아바타'"
　　　https://magazine. cheil.com/50870 2022.03.15.

남기심, "주어와 주제어," 『國語文法의 理解』
　　　https://www.korean.go.kr/nk view/nklife/1985_4/1985_0410.pdf

서윤정, "민화를 보는 또 하나의 시선: 이우환의 민화론과 민화 컬렉션" 『한국 민
　　　화』 제10호. 96-115쪽. 2019.

이강우, "호텔과 나이트클럽으로 재단장한 유럽 성당과 교회들…왜?" 공감언론
　　　뉴시스 2023.06.27.

이단비, "윤동주의 '고향'과 시적 도정," 『한국학 연구』 제57집. 2020.

이섭, 　"감각에 대한 존중은 새로운 시대를 연다." 2023.02.20. 더퍼블릭뉴스
　　　http://www.thepublicnews.co.kr

이여운, "영화 〈아바타〉로 보는 차원의 개념과 메타버스의 미래" 2023.01.03.
　　　https://mcguffin. tistory.com/14

이현성, "'오 마이 갓'—기독교 선진국서 교회가 사라지고 있다" 『국민일보』
　　　2023.05.30.

조송식, "동아시아 예술론에서 유가 文質論의 수용과 변환," 『융합의 시대, 동아
　　　시아 '유교미학'의 활로를 찾다』 성균관대학교 유교문화연구소, 국립국
　　　악원, 2016.1.23.

3.

르두, 조지프, 『시냅스와 자아: 신경세포의 연결방식이 어떻게 자아를 결정하는
　　　가?』, 강봉균 옮김, 파주: 소소, 2005

사르트르, 장-폴, 『구토』 강명희 옮김. 서울: 하서출판사, 2009.

안데르센, 한스 크리스티안, 『안데르센 동화 123가지 - I』 한국어린이문화연구소, 2006, 2012.

칸트, 임마누엘, 『순수이성 비판 서문』 김석수 옮김. 서울: 책세상, 2019.

코페르니쿠스, 니콜라우스, 『천체의 회전에 관하여』 민영기, 최원재 옮김. 서울: 서해문집, 1998.

토카르추크, 올가, 『다정한 서술자』 최성은 옮김. 서울: 민음사, 2022.

Albérès, René Marill, *Philosopher without faith*, trans. Wade Baskin. New York: Philosophical Library, 1961.

Barth, Karl, *The epistle to the Romans*, trans. E. C. Hoskyns. Oxford: Oxford University Press, 1933, 1968.

The Bhagavadgita, 2nd ed. trans. & notes by S. Radhakrishnan, London: George Allen & Unwin, 1949.

Berger, Peter, B. Berger, H. Kellner, *The homeless mind*. New York: Penguin Books, 1977.

Copernicus, Nicholas, *De Revolutionibus* (*On the Revolutions*). Trans. & Commentary by Edward Rosen. https://www.geo.utexas.edu/courses/302d/Fall_2011/Full%20text%20-%20Nicholas%20Copernicus,%20_De%20Revolutionibus%20(On%20the%20Revolutions),_%201.pdf

Feyerabend, Paul, *Conquest of abundance: A tale of abstraction versus the richness of Being*, ed. Bert Terpstra. Chicago: The University of Chicago Press, 1999, 2001.

Jacob, François, *The logic of life: a history of heredity*, trans. Betty E. Spillmann, Princeton: Princeton University Press, 1973.

Husserl, Edmund, *Cartesian Meditations: an introduction to phenomenology*, trans. Dorion Cairns. The Hague, The Netherlands: Martinus Nijhoff Publishers, 1960, 1982.

Husserl, Edmund, *General Introduction to a Pure Phenomenology*, trans. F. Kersten. The Hague, The Netherlands: Martinus Nijhojf Publishers, 1982.

Kahn, Charles H., *The Art and Thought of Heraclitus*, trans. & commentary. Cambridge: Cambridge University Press, 1979, 1981.

Kolbert, Elizabeth, *The sixth extinction: an unnatural history*. New York: Henry Holt & Co., 2014.

Kuhn, Thomas S., *The Copernican Revolution: Planetary astronomy in the development of Western Thought*. Cambridge, Massachusetts: Harvard University Press, 1957, 1985.

LeDoux, Joseph, *Synaptic self: how our brains become who we are*, London: Penguin Books, 2002.

Levi-Strauss, Claude, *Tristes Tropiques*, trans. J. Weightman & D. Weightman. Penguin Books, 1973, 2012.

Llinas, Rodolfo R., *i of the vortex: from neurons to self*, Cambridge, MA: The MIT Press, 2001.

Major, Wilfred E., and Michael Laughy, *Ancient Greek for Everyone: Essential Morphology and Syntax for Beginning Greek*. 2018. https://pressbooks.pub/ancientgreek/

Mitchell, W. J. T. ed., *The Language of Images*. Chicago: The University of Chicago Press, 1980.

Nietzsche, Friedrich, *Beyond Good and Evil*, trans. R. J. Hollingdale. Penguin Books, 1973.

Nietzsche, Friedrich, *The will to power,* trans. W. Kaufmann & R. J. Hollingdale. Vintagebooks, 1967.

Sartre, Jean-Paul, *Le Sursis*. Gallimard, 1945. *The Reprieve*, trans. Eric Sutton. London: Hamilton, 1947.

Sartre, Jean-Paul, *The transcendence of the ego*, trans. F. Williams & R. Kirkpatrick, New York: Farrar, Straus & Giroux, 1957.

Sennett, Richard, *The fall of public man*, Cambridge: Cambridge University Press, 1976.

Peverelli, Peter, *The history of modern Chinese grammar studies*. Springer-Verlag Berlin Heidelberg, 2015.

Popper, Karl, *The logic of scientific discovery*, rev. ed., NY: Harper & Row, 1965.

Pulleyblank, Edwin, *Outline of Classical Chinese Grammar*. Vancouver: University of Vancouver Press, 1995.

Wittgenstein, Ludwig, *Tractatus Logico-Philosophicus*, trans. D. F. Pears & B. F. McGuinnes. London: Routledge & Kegan Paul,1961.

4.

Aarts, Bas, "Conceptions of categorization in the history of linguistics," *Language Science* 28 (2006) 361-385.

Cordes, Ruth, "Language change in 20th century written Chinese: The claim for Europeanization." PhD Dissertation. Universität Hamburg. 2014.

Devlin, Hannah, "Is AI lying to me? Scientists warn of growing capacity of deception," *The Guardian*. 2024. 05. 10.

Jolles, Jolle W. et al., "Consistent Individual Differences Drive Collective Behavior and Group Functioning of Schooling Fish," *Current Biology* 27, 1-7, September 25, 2017.

Metz, Cade, "Metaverse! Vertual Reality Beckons Big Tech" *The New York Times*. 2021.12.30.

Smirnov, M. A., "Kantian Philosophy and 'Linguistic Kantianism' ," *Kantian Journal*, 37(2), 2018. pp. 32-45.
http://dx.doi.org/10.5922/0207-6918-2018-2-2.

Tapsen, Jonathan, "Google's historic win over Go world champion proves AI can be 'unpredictable and immoral' leading expert warns," (Mail Online) *Daily Mail*, Mar. 23rd 2016.

Rawls, John, "The idea of an overlapping consensus," *Oxford Journal of Legal Studies*. Vol. 7, no. 1.

Russell, Bertrand, "Logical atomism," *Logic and Knowledge*. London: George Allen & Unwin,1956.

Vernant, Jean-Pierre, "Greek Tragedy: Problems of Interpretation," *The Structuralist Controversy: The Languages of Criticism and the Sciences of Man*, ed. Richard Macksey and Eugenio Donato. Baltimore: Johns Hopkins Press, 1972.

"What is middle voice?" *The Free Dictionary* by Farlex. https://www.thefreedictionary.com/Middle-Voice.htm

5.

ㅂㄷ, 『동양의 논리는 어디에 있는가 』 (1993 초판) 고양, 경기: 사월의책, 2017.

ㅂㄷ, 『안티호모에렉투스』 (2001 초판) 고양, 경기: 사월의책, 2017.

ㅂㄷ, 『x의 존재론』 고양, 경기: 사월의책, 2017.

ㅂㄷ, 『진리의 패권은 사람에게 있는 것이 아니다』 고양, 경기: 사월의책, 2019.

ㅂㄷ, 『야생의 진리』 고양, 경기: 사월의책, 2021.

찾아보기

1. 주요 과제에서

2. 시인과 제3 지대 개척사에서